SÉRIE FORMAÇÃO PROFISSIONAL EM SERVIÇO SOCIAL

DIALÓGICA

EDITORA
intersaberes

O selo DIALÓGICA da Editora InterSaberes faz referência às publicações que privilegiam uma linguagem na qual o autor dialoga com o leitor por meio de recursos textuais e visuais, o que torna o conteúdo muito mais dinâmico. São livros que criam um ambiente de interação com o leitor – seu universo cultural, social e de elaboração de conhecimentos –, possibilitando um real processo de interlocução para que a comunicação se efetive.

Ética profissional
no Serviço Social

Latif Antonia Cassab

EDITORA intersaberes

Conselho editorial
Dr. Ivo José Both (presidente)
Dra. Elena Godoy
Dr. Nelson Luís Dias
Dr. Neri dos Santos
Dr. Ulf Gregor Baranow

Editora-chefe
Lindsay Azambuja

Supervisora editorial
Ariadne Nunes Wenger

Analista editorial
Ariel Martins

Preparação de originais
Mariana Bordignon

Edição de texto
Floresval Nunes Moreira Junior
Tiago Krelling Marinaska

Projeto gráfico
Laís Galvão

Capa
Laís Galvão (*design*)
D.Somsup/Shutterstock (imagem)

Diagramação
LAB Prodigital

Equipe de *design*
Charles L. da Silva
Sílvio Gabriel Spannenberg

Iconografia
Célia Regina Tartália e Silva
Regina Claudia Cruz Prestes

Dados Internacionais de Catalogação na Publicação (CIP)
(Câmara Brasileira do Livro, SP, Brasil)

Cassab, Latif
   Ética profissional no serviço social/Latif Cassab.
   Curitiba: InterSaberes, 2018. (Série Formação Profissional
em Serviço Social)

   Bibliografia.
   ISBN 978-85-5972-750-0

   1. Assistentes sociais – Ética profissional
   2. Ética profissional 3. Serviço social 4. Serviço
social como profissão I. Título. II. Série.

18-15868   CDD-361.301

Índices para catálogo sistemático:
1. Ética profissional no serviço social   361.301

Iolanda Rodrigues Biode - Bibliotecária - CRB-8/10014

1ª edição, 2018.
Foi feito o depósito legal.

Informamos que é de inteira responsabilidade da autora a emissão de conceitos.

Nenhuma parte desta publicação poderá ser reproduzida por qualquer meio ou forma sem a prévia autorização da Editora InterSaberes.

A violação dos direitos autorais é crime estabelecido na Lei n. 9.610/1998 e punido pelo art. 184 do Código Penal.

Rua Clara Vendramin, 58 ▪ Mossungué ▪ CEP 81200-170 ▪ Curitiba ▪ PR ▪ Brasil
Fone: (41) 2106-4170 ▪ www.intersaberes.com ▪ editora@editorainsersaberes.com.br

Sumário

Apresentação | 7
Como aproveitar ao máximo este livro | 10

1. **História conceitual da ética | 15**
   1.1 Concepções da ética no decurso histórico | 18
   1.2 Ética contemporânea | 28

2. **Ética profissional e códigos de ética no Serviço Social | 37**
   2.1 Ética nas organizações | 41
   2.2 Projetos societários, profissionais e ético-políticos do Serviço Social | 45

3. **Ética e Serviço Social | 61**
   3.1 Código de Ética Profissional dos Assistentes Sociais de 1947 | 64
   3.2 Código de Ética Profissional dos Assistentes Sociais de 1965 | 69
   3.3 Código de Ética Profissional dos Assistentes Sociais de 1975 | 73
   3.4 Código de Ética Profissional dos Assistentes Sociais de 1986 | 76
   3.5 Código de Ética Profissional dos Assistentes Sociais de 1993 | 80

Estudo de caso | 107
Para concluir... | 111
Referências | 117
Anexos | 127
Respostas | 177
Sobre a autora | 181

Apresentação

> *A ética ensina que a justiça é o principal valor da vida em sociedade, pois é a partir dela que as outras virtudes podem ser distribuídas e vivenciadas. A necessidade de os homens respeitarem os costumes e as normas da sociedade revela a importância que a ética tem na vida de cada um. Aliás, nenhuma comunidade humana pode existir sem um código moral.*
> *Marilena Chaui, 2003, p. 470*

Contextualizar a ética em Serviço Social é um grande desafio, que deve se pautar pela responsabilidade com o conhecimento teórico – ou seja, o processo de ensino e aprendizagem de forma competente – nos âmbitos humano-social e profissional, bem como pela responsabilidade com as atividades empreendidas, nas quais sempre incide uma postura ética.

Esta obra trata de temas como fundamentos ontológico-sociais da dimensão ético-moral da vida social e seus reflexos na ética profissional; processo de construção do *ethos* profissional (significado de seus valores e implicações ético-políticas de seu trabalho); questões éticas da atualidade e cotidiano da profissão; códigos de ética na história do Serviço Social brasileiro; Lei de Regulamentação e Projeto Ético-Político da área.

O estudo se desenvolveu por meio da pesquisa bibliográfica. Esse tipo de abordagem possibilita ao pesquisador a ampliação e a consistência de inúmeros conhecimentos teóricos de seu interesse, com base em várias áreas de conhecimento e respectivas teorias, resultando em trabalhos investigativos bem fundamentados e coerentes.

Segundo Lakatos e Marconi (1992, p. 44), "a pesquisa bibliográfica permite compreender que [...] a resolução de um problema pode ser obtida através dela [...]. A pesquisa bibliográfica pode, portanto, ser considerada também como o primeiro passo de toda pesquisa científica".

Segundo Lima e Mioto (2007), essa empreitada requer, necessariamente, todo um procedimento ordenado pelas fases de leitura de reconhecimento do material bibliográfico, leitura exploratória, seletiva, reflexiva ou crítica.

Trata-se de uma obra constituída por três capítulos, divididos em itens e subitens, aliados a recomendações de leitura e sugestões de acesso a vídeos e atividades de revisão e de reflexão.

O Capítulo 1 constitui-se por uma fundamentação teórica sobre a ética, datada historicamente, e por questões éticas da atualidade, contextualizando a ética contemporânea e as noções da ética que analisam, investigam e explicam a moral.

O Capítulo 2 discorre sobre a ética profissional, expondo o que são os códigos de ética, a ética no espaço organizacional, bem como os projetos societários e profissionais no âmbito do Serviço Social.

Em seguida, no Capítulo 3, apresentamos a ética no Serviço Social, constituída pelos códigos de ética da profissão, bem como o contexto em que são produzidos.

Por fim, realizamos as considerações finais, na perspectiva de apresentar uma súmula dos conteúdos desenvolvidos. Há, também, na parte de anexos, os códigos de ética referentes aos anos de 1947, 1965, 1986 e – o último – 1993.

Dessa forma, você deve se organizar para ler esta obra aproveitando-a da melhor forma possível. Nesse sentido, sugerimos os seguintes procedimentos:

- anote tudo o que puder, seja no próprio livro, inserindo comentários nos cantos das páginas, seja em um caderno para as anotações, possibilitando consulta rápida àquilo que se registrou como mais importante;
- destaque as partes importantes com caneta marca-texto;
- leia esta obra em lugar tranquilo, para que possa se concentrar na leitura, realizando-a quantas vezes forem necessárias, a fim de compreender os assuntos e assimilá-los; assim, você se sentirá mais seguro para aplicar tais conhecimentos em seu dia a dia;
- troque ideias com outras pessoas que estejam estudando ou já estudaram a obra; a discussão e as visões diferentes, assim como as boas conversas intelectuais, contribuem para o aprendizado.

Nesse percurso de estudos, os códigos de ética que se encontram anexos devem ser necessariamente lidos acompanhando o conteúdo referente a cada um.

Por fim, desejamos a você uma profícua e prazerosa leitura, na perspectiva de que os conhecimentos apresentados contribuam para qualificar, sempre mais, sua formação pessoal e profissional.

Como aproveitar ao máximo este livro

Este livro traz alguns recursos que visam enriquecer o seu aprendizado, facilitar a compreensão dos conteúdos e tornar a leitura mais dinâmica. São ferramentas projetadas de acordo com a natureza dos temas que vamos examinar. Veja a seguir como esses recursos se encontram distribuídos no decorrer desta obra.

Conteúdos do capítulo

Logo na abertura do capítulo, você fica conhecendo os conteúdos que nele serão abordados.

Após o estudo deste capítulo, você será capaz de:

Você também é informado a respeito das competências que irá desenvolver e dos conhecimentos que irá adquirir com o estudo do capítulo.

Porém, as consequências de uma produção desenfreada começam a ser notadas, seja por doenças, seja por desastres da natureza. Aflora, então, o cidadão sujeito, iniciando uma consciência cívica preocupada com os excessos da humanidade. Nesse momento, a ética ressurge amplamente divulgada, mas carente de real sentido, muitas vezes concebida de forma equivocada. Ressaltamos que a ética profissional também ganhou destaque em todo o globo, igualmente interpretada, muitas vezes, de forma descabida, aplicada apenas entre aqueles que, aparentemente, eram iguais. Os códigos de ética são amplamente divulgados. Surgiram, ainda, muitos códigos de autorregulação, compostos de princípios éticos e princípios universais, mantendo as devidas adaptações regionais e profissionais e criando sanções aos infratores. Essa é a conhecida ética normativa, que, dessa vez, não mantém relações com a moral, exceto por sua origem. Tais regras emanam voluntariamente, mas não são impostas pela sociedade.

Por meio dessa ética normativa, surge a expressão *rótulo ético*, com o intuito de garantir que empresas não pratiquem atos condenados, como trabalho infantil ou escravo, além de serem obrigadas a respeitar a natureza e o homem.

Na mudança para o século XXI, surge a ética sustentável, embasada no respeito ao meio ambiente, preocupada com a excessiva degradação de recursos naturais, a qual implica fortes ameaças à sobrevivência humana. Portanto, podemos concluir que a ética sustentável tem como pilar o respeito à natureza e o equilíbrio da produção capitalista com a saúde ambiental, de forma a garantir a vida terrestre.

Síntese

Muitos consideram a ética algo semelhante à moral. Porém, como afirmamos, uma se distingue da outra.

A ética é uma reflexão sobre a ação humana, cujo resultado é um coletivo de ações tidas como excelentes se comparadas ao que se considera ser do "bem". Afirmamos, então, que a ética se

Síntese

Você dispõe, ao final do capítulo, de uma síntese que traz os principais conceitos nele abordados.

Na segunda metade do século XX, o conceito utilitarista da ética é parcialmente substituído pela noção de multiplicidade de éticas, porém, até os dias atuais, ainda subsiste a ideia de uma ética utilitarista, com raiz moral, conforme convenções e costumes transmitidos pela educação ou impostos socialmente.

Na mudança para o século XXI, surge a ética sustentável, embasada no respeito ao meio ambiente, preocupada com a excessiva degradação de recursos naturais, a qual implica fortes ameaças à sobrevivência humana. Portanto, podemos concluir que a ética sustentável tem como pilar o respeito à natureza e o equilíbrio da produção capitalista com a saúde ambiental, de forma a garantir a vida terrestre.

Questões para revisão

1. A ética normativa pressupõe quais condições?

2. A partir do século XIX, como se constituiu a concepção de ética?

3. Qual pensador, na segunda metade do século XIX, tornou a ética definitivamente uma Ciência, desvinculando-a totalmente da religião, pois a julgava como o centro, justificativa e fundamentação das ações humanas, constituindo o meio que torna possível a convivência por meio de padrões de comportamento que dominam a natureza?
   a) John Locke
   b) Platão
   c) Sócrates
   d) David Hume
   e) Friedrich Nietzsche.

4. Que revolução pregou os ideais de liberdade, igualdade e fraternidade, com foco na diminuição das diferenças, estabelecendo um pacto social, entendendo que esses preceitos deveriam ser garantidos pelo Estado, permitindo uma igualdade efetiva?
   a) Revolução Industrial
   b) Revolução Francesa

Questões para revisão

Com estas atividades, você tem a possibilidade de rever os principais conceitos analisados. Ao final do livro, a autora disponibiliza as respostas às questões, a fim de que você possa verificar como está sua aprendizagem.

3. O atual projeto ético-político de Serviço Social tem como fundamentação a teoria social de qual pensador?
   a) Karl Marx
   b) Friedrich Engels
   c) György Lukács.
   d) Antonio Gramsci.
   e) Leon Trotsky.

4. O pluralismo profissional supõe qual condição, entre seus integrantes, como um acordo sobre determinados aspectos para definição do projeto ético-político?
   a) Alienação
   b) Alinhamento
   c) Pacto
   d) Divergência

5. A atuação ética no âmbito profissional pressupõe duas condições: uma delas é uma atuação responsável; qual é outra condição?
   a) De respeito
   b) De autonomia
   c) De competência
   d) De pacto social

Questões para reflexão

1. Reflita sobre a seguinte questão: o quanto a ética possibilita tornarmos a sociedade equânime?
2. Estabeleça um paralelo entre as transformações éticas e o desenvolvimento societário.

Questões para reflexão

Nesta seção, a proposta é levá-lo a refletir criticamente sobre alguns assuntos e trocar ideias e experiências com seus pares.

Para saber mais

O LADO negro do chocolate. Documentário. Disponível em: <https://www.youtube.com/watch?v=zESgFuJ_wy8>. Acesso em: 31 dez. 2017.
O documentário se refere a quanto indústrias de chocolate fazem uso do trabalho infantil na coleta do cacau, em específico, em países da África.

O LADO sombrio da beleza: teste em animais. Disponível em: <https://www.youtube.com/watch?v=c2vZYj7Pbsо>. Acesso em: 31 dez. 2017.
Esse documentário se reporta a situações de extremo sofrimento de animais, usados como cobaias para experimentos na cosmética humana.

Para saber mais

Você pode consultar as obras indicadas nesta seção para aprofundar sua aprendizagem.

Estudo de caso

Deve-se, neste estudo de caso, realizar uma interpretação da conduta da assistente social, em companhia de sua estagiária, com base em princípios e valores, segundo o Código de Ética do Serviço Social de 1993.

Centro de Referência Especializado de Assistência Social

Casa de uma usuária do serviço

Pessoas envolvidas: assistente social e estagiária de Serviço Social

Atividade desenvolvida: visita domiciliar

Objetivos: verificar ocorrência de violação de direitos para conhecimento de caso, para denuncia no Ministério Público

A visita domiciliar foi realizada na casa de uma idosa. A casa de madeira com pouca iluminação encontrava-se em situação precária. Seu interior denotava pouco espaço para locomoção, com moveis em péssimo estado, empoeirados e roupas sujas no tanque. A moradora tinha dois cachorros, que

Estudo de caso

Esta seção traz ao seu conhecimento situações que vão aproximar os conteúdos estudados de sua prática profissional.

História conceitual da ética

CAPÍTULO 1

Conteúdos do capítulo:
- Concepções históricas sobre a ética.
- Fundamentos teóricos da ética contemporânea.

Após o estudo deste capítulo, você será capaz de:
1. compreender a forma como a ética foi concebida em determinados períodos históricos;
2. assimilar como os conceitos *de ética*, no suceder dos tempos, parametraram as relações sociais e profissionais.

> A injustiça passeia pelas ruas com passos seguros.
> Os dominadores se estabelecem por dez mil anos.
> Só a força os garante.
> Tudo ficará como está. Nenhuma voz se levanta
> além da voz dos dominadores.
> [...]
> De quem depende a continuação desse domínio?
> [...]
> Bertolt Brecht, 2012, p. 72

Iniciaremos nossos estudos com algumas perguntas: o que é ética? Como defini-la? É algo imposto ou é intrínseco a cada um? Qual é a relação entre ética e moral? São ideias diferentes? Provavelmente, a maioria dos leitores não saberão responder com certeza a nenhuma dessas questões. Isso é compreensível, visto que, apesar de ética e moral estarem presentes em nosso cotidiano, são conceitos amplos, que não são muito claros. Ao ler um jornal, é comum nos depararmos com as populares expressões "ética política", "ética profissional", "moral de nossa população", "faltou ética", "agiu conforme a moral de um bom cidadão" etc.

No senso comum, muitos consideram a ética como algo semelhante à moral, até pelo fato de ambas terem a mesma origem etimológica. No entanto, uma se distingue da outra.

A ética se refere a uma reflexão sobre a ação humana, comparando essa ação a um coletivo de ações tidas como excelentes, do "bem", ou seja, a ética se expressa como uma reflexão sobre ações do bem e imprimindo a elas um valor pessoal. A moral são hábitos ou costumes construídos em determinadas quadras históricas e vivenciados por uma comunidade humana. Dessa forma, a ética pode ser compreendida como uma reflexão sobre uma moral vigente.

Durante a leitura desta obra, você notará que ética e moral são conceitos diferentes que se complementam, cada uma com seu significado, porém ambos agem diretamente no comportamento humano, determinando nossas ações e condutas diárias.

Ao analisarmos a conduta do ser humano ao longo do tempo, notaremos que a ética e a moral sempre estiveram presentes, assim como nos dias atuais. Em todas as sociedades e culturas existem regras, leis ou mitos que determinam que certas ações sejam classificadas como boas ou más ou que sejam aprovadas ou reprovadas.

1.1 Concepções da ética no decurso histórico

Em todas as sociedades e culturas, são elaborados mitos para justificar a conduta moral de seus componentes. No Egito Antigo, na Grécia Antiga, nos tempos de Jesus, na Idade Média, nas civilizações pré-colombianas da América ou nos povos africanos, em todas elas havia algum código de conduta que deveria ser cumprido por todos para que a sociedade vivesse em harmonia. Muitos desses mitos estão presentes em nossa sociedade até hoje. Para os católicos, a Bíblia e seus Dez Mandamentos devem ser seguidos à risca, pois neles estão os preceitos divinos, o que é certo ou errado, caminhos que levarão o homem à salvação. Para os menos religiosos, existem as constituições, os códigos civis e penais, as leis para julgar as ações dos indivíduos e, assim, propiciar uma vida equilibrada. Ao longo do tempo, ética e moral estiveram ligadas em alguns momentos à razão e, em outros, à religião; em muitos outros, a ambas.

Ao discorrer sobre ética, é necessário mencionarmos a Grécia Antiga, mas não sem antes tratarmos do Egito Antigo. É inegável que o sistema filosófico e religioso grego deriva da moral egípcia. Apesar de ter mais de quatro milênios de história, o Egito continua sendo um mistério. O muito que se estudou ainda é pouco para explicar as façanhas do povo egípcio. Seu conhecimento científico e cultural permitiu a construção de monumentos grandiosos que resistem aos séculos. Mais do que isso, sua moral, sua escrita, seu artesanato e seu habilidoso cultivo de terras se tornaram os alicerces de toda a civilização ocidental.

A moral egípcia é fundamentada na religião. Os egípcios acreditavam na vida eterna, porém, para conquistarem tal virtude, eles deveriam ser boas pessoas. Toda conduta em vida terrena determinaria como seria sua vida pós-morte. A existência na Terra era uma preparação para o que viria quando sua alma deixasse de habitar seu corpo. O indivíduo aprenderia a se comportar como pessoa para seu bem e para o bem de todos e também a como proceder quando morresse e fosse julgado pelos deuses. Desse modo, todos os campos da vida egípcia – literatura, religião, arte, ciências – eram, na verdade, um ensaio para a vida eterna, uma preparação para o julgamento da alma.

Com grande influência da religião e da filosofia, a literatura egípcia abordava aspectos morais e éticos, e muito do que foi escrito era sobre os mortos e os notáveis feitos dos faraós. Suas mais antigas manifestações foram compostas de inscrições em pirâmides e em túmulos, além de escritos feitos em papiros abordando filosofia, contos, romances e hinos religiosos.

Do Egito, surgiu grande parte do progresso intelectual das épocas seguintes. Sua ética religiosa estava presente em todos os aspectos do cotidiano egípcio, inclusive na agricultura, que dependia da irrigação, que aproveitava o histórico fenômeno das cheias anuais do rio Nilo. A arte tinha conotação religiosa ou fúnebre. Todas as produções artísticas faziam referência aos deuses, aos faraós e à corte egípcia. Isso tudo demonstra a importância da herança dessa civilização, um legado inestimável que nos foi deixado.

Na Grécia Antiga, a filosofia da ética se desenvolveu por um período de mais de dez séculos, sendo tradicionalmente dividida em três grandes eras: a dos pré-socráticos[1]; a de Sócrates, Platão e

---

1 Os filósofos da Grécia Antiga eram denominados *naturalistas* ou *filósofos da natureza*. Em suas reflexões, os pré-socráticos visavam encontrar as razões pelas quais os homens deveriam ter determinado comportamento e seu discurso procurava definir uma atitude reflexiva e racional para julgar as ações humanas (Meirelles, 2017).

Aristóteles; e a dos helenistas². Todo pensamento ético dos dias atuais é uma herança deixada pelos gregos. Esse pensamento surgiu com a reflexão dos filósofos sobre os costumes do seu tempo e de suas cidades, das práticas habituais de conduta e das crenças religiosas existentes.

Sócrates é considerado o filósofo mais importante do início da ética antiga. Naturalmente, antes dele, houve quem debatesse normas de comportamento, como é o caso dos mencionados pré-socráticos, e não podemos esquecer os sofistas³, que eram contemporâneos de Sócrates. Conforme Magalhães (2010, p. 53): "Embora Sócrates não tenha inaugurado a reflexão ética, ele é considerado aquele que criou um estilo de pesquisa ética, analítica e argumentativa. Seu pensamento influenciou as novas escolas como é o caso dos cínicos e das escolas helenísticas (epicurismo, ceticismo e estoicismo)".

É importante destacarmos que a Grécia de Sócrates, Platão e Aristóteles (período socrático: séculos V a IV a.C.) sofria um período de fragmentação interna, principalmente em Atenas. A política era dominada pelos demagogos⁴, que estavam inseridos em meios tradicionais de vida em decadência, em que as riquezas intelectuais eram suplantadas pelas riquezas materiais (Zangelmi, 2009).

Isso é corroborado por Oliveira (2007, p. 29), ao afirmar que:

---

2   Conforme Chaui (2010), as correntes que compõem a filosofia helenística compartilham uma oposição intensa à filosofia clássica, platônica e aristotélica, mesmo tendo em suas bases pontos fortemente clássicos. Destacam-se as ideias de que ética e física apoiavam uma à outra, sendo indivisíveis para que seu conhecimento fosse perfeito; um forte materialismo, recusando-se a transcendência.

3   "relativo a sofisma [...] que ou aquele que utiliza a habilidade retórica no intuito de defender argumentos especiosos ou logicamente inconsistentes" (Houaiss; Villar, 2009).

4   "Na origem, a palavra demagogo significou, durante séculos, 'o condutor dos demos (clãs)', do grego 'demo' 'clã' e 'agogos' – condutor, formador; era título da maior importância, conferido a um homem sábio. [...] seu significado passou ao mesmo da modernidade – um vendedor persuasivo de ideais falsos e corruptos. Estes proliferaram em Atenas no chamado, pelos historiadores, 'século de ouro' pelos historiadores (Salis, 2014, p. 119).

> A Ética tinha, entre os Gregos, uma relação muito estreita com a Política, tendo como base a cidadania e a forma de organização social. Compreende-se por quê. Atenas era o ponto de encontro da cultura grega onde nasceu uma democracia com assembleias populares e tribunais e as teorias éticas incidiam sobre a relação entre o cidadão e a pólis (a sociedade organizada em cidades-Estados), em que a conduta do indivíduo era determinante para se alcançar o bem-estar coletivo.

Segundo o mesmo autor, apesar das diferenças entre as correntes filosóficas, sejam elas aristotélicas, socráticas ou platônicas, em todas, o homem tem como dever pôr seu conhecimento em favor da sociedade, para que todos possam ser felizes. A ética nesse período era apenas normativa, limitava-se a classificar os atos dos homens como corretos ou incorretos em determinada situação. Após as conquistas de Alexandre, o Grande, e a expansão do território grego, a política perde seu destaque, pois os indivíduos não são mais ligados intimamente às cidades-estados.

Dessa época, destacamos os três maiores expoentes intelectuais: Sócrates, Platão e Aristóteles.

Berti (2006, p. 5) define a ética de Sócrates da seguinte forma:

> A expressão da ética antiga que mais nos impressiona pela sua radicalidade em conceber a relação entre ética e inteligência é a de Sócrates, isto é, o chamado intelectualismo ético. Tal expressão resume-se na identificação entre virtude, entendida como perfeição moral, e ciência, entendida como conhecimento do bem, e exprime-se na conhecida sentença segundo a qual "ninguém comete o mal voluntariamente".

Sua conduta em prol da educação dos homens e, consequentemente, do bem de todos levou Sócrates a julgamento pelo tribunal ateniense. O pensador foi acusado de cultuar outros deuses e de corromper os jovens. Por fim, foi condenado a cometer suicídio tomando cicuta. Fiel a seus princípios e em respeito às leis de Atenas, ele se curvou diante das injustiças do tribunal.

O intelectualismo radical de Sócrates não foi aceito plenamente nem sequer pelos seus discípulos mais diretos, como Platão, ou por Aristóteles.

Para Platão, o saber, que, na verdade, seria o conhecimento do bem[5], é a virtude suprema. Segundo o filósofo, quanto mais nos aproximamos do mundo das ideias, mais ficamos sábios, e assim ascendemos também em conduta ética, tornando-nos mais virtuosos. Platão acreditava que a principal virtude seria o desligamento das realidades sensíveis para alcançarmos as ideias perfeitas, entre elas os valores éticos fundamentais. No entanto, também reconheceu necessidade de outras virtudes, como a temperança, a coragem e a justiça. Essa última seria a essência de todas as outras virtudes do homem (Berti, 2006).

A base da ética platônica é a distinção entre as funções racionais e irracionais, sendo impossível alcançar a excelência ética sem essas distinções. Para Platão, o lado ético de cada um é a continuação de seu lado público (Silva, 2015).

> Visto que a justiça ocorre quando cada parte da alma desempenha a função que lhe é própria e a função própria da razão é a de governar as outras partes da alma, pode dizer-se que para Platão a alma, e também a Cidade, é justa, ou seja, globalmente boa, quando todas as suas faculdades obedecem à razão e todas as categorias de cidadãos obedecem a governantes sábios. (Berti, 2006, p. 6)

Ainda conforme Berti (2006, p. 7, grifo nosso):

> Com efeito, segundo Aristóteles, para se ser bom, isto é, moralmente perfeito, é necessário, por um lado, ter uma boa índole natural, ter recebido uma boa educação, estar habituado a obedecer a boas leis, ser, portanto, orientado a praticar o bem; mas tudo isto não é suficiente, porque é necessário ser também inteligente, ou seja, capaz de encontrar os meios mais aptos para realizar um fim bom. A virtude em que consiste esta capacidade, a *phronesis* ou sabedoria prática, que para Aristóteles é diferente da ciência (*episteme*), é um saber prático, capaz de orientar a *praxis*, e o tipo de raciocínio que ela põe em **ato** é o chamado silogismo prático: "se este fim é bom, e se esta ação permite realizá-lo, age desta maneira".

---
5 Indicado por ele com os termos *sophia* e *phronesis*.

Aristóteles, fazendo referência a Sócrates, salienta que a sabedoria prática é a que sabe aplicar o conhecimento do universal, do fim, à situação particular que é determinante para o agir. Esse preceito pode ser aplicado a todas as atividades – no governo, no trabalho ou na vida pessoal. Assim, o homem deve ser honesto e desejar o benefício de todos, mas isso não é suficiente; ele deve ser inteligente e ter a consciência do que fazer para fazer o bem.

> É necessário não esquecer, enfim, que o exercício da inteligência prática, a *phronesis*, não é para Aristóteles o fim da vida moral, isto é, a perfeição suprema, a virtude mais alta, em que consiste a felicidade. De fato, esta é a *sophia*, isto é, o saber, o exercício da inteligência **direcionado** unicamente para o conhecimento, e o conhecimento das primeiras causas, praticado durante toda a vida, ou, pelos menos, durante o maior número de anos possível. Mas, por sua vez, a condição para realizar a *sophia* é a *phronesis*, que prescreve as **ações** a realizar e a evitar de modo a alcançar a *sophia*. (Berti, 2006, p. 7-8, grifo nosso)

A Europa Ocidental foi dominada pelo catolicismo na Idade Média, sendo a ética ligada à religião e aos dogmas cristãos, desligando-se da natureza, unindo-se e confundindo-se com a moral cristã. Entre os séculos IV e XIV, as sociedades da Europa viveram sob forte influência da Igreja, que ditava suas normas éticas enfatizando que "Deus é identificado com o Bem, a Justiça e a Verdade, o modelo que todos devem procurar seguir para atingir a felicidade e a salvação" (Oliveira, 2007, p. 30).

Os grandes pensadores desse período são Santo Agostinho, Santo Anselmo e São Tomás de Aquino – todos defenderam o princípio de que somente o encontro do homem com Deus permitiria a felicidade; para isso, seria necessário respeitar as regras impostas pela Igreja. Dessa forma, ética e moral se unem e se confundem; a moral deixa de ser uma opção ou orientação do indivíduo para tornar-se uma imposição religiosa, apesar de permanecer algo normativo.

Santo Agostinho (354-430) foi um teólogo e filósofo, considerado um dos mais importantes padres da Igreja Católica. Suas obras foram escritas na era patrística, sendo muito influenciado pelo maniqueísmo[6] em seus primeiros anos e depois pelo neoplatonismo[7]. Não se sabe ao certo quantas obras produziu, mas todos os seus escritos conhecidos tiveram grande influência no desenvolvimento do cristianismo e da filosofia ocidental, principalmente as obras *A cidade de Deus* e *Confissões*. Abordou a filosofia e a teologia de uma forma original, por meio de novos métodos e perspectivas, porém sem intenção de elaborar um sistema filosófico, conseguindo estruturar de forma racional todas as doutrinas reveladas pelo cristianismo. Agostinho afirmava que a liberdade do homem somente era possível pela graça de Cristo. Ajudou na formulação da doutrina do pecado original e no desenvolvimento da teoria da guerra justa, muito utilizada para justificar as Cruzadas.

Conforme Montagna (2009, p. 67):

> A ética agostiniana, sem equívoco, "é uma ética do amor, mais precisamente caritas". Para formular uma moral baseada no amor, Santo Agostinho empreende um estudo, seguindo o que lhe foi transmitido pela tradição pagã, cristã, grega e latina. Para Agostinho a força que impulsiona a realização da ordem moral é o sentimento de amor, que tem como fim a caridade. Sua força orientadora é a vontade, que culmina na liberdade, tendo como consumação a ordem da caridade. O amor é "a força da alma e da vida", cuja sua morada é a virtude.

Para Santo Agostinho, a verdade era uma questão de fé revelada por Deus, superando a razão. O Estado e a política deveriam se curvar à autoridade da Igreja.

----

6   "Do ponto de vista doutrinal, o maniqueísmo é uma seita gnóstica que mistura seitas orientais, filosofia grega e religião judaico-cristã. Sua tese fundamental consiste na afirmação de dois princípios ontológicos originários do mundo" (Montagna, 2009).

7   "Corrente filosófica do século III da era cristã, fundada por Antônio Sacas e divulgada por Plotino e seus seguidores Porfírio, Iâmblico e Proclo (séc. V). 'O Neoplatonismo se caracteriza por uma interpretação espiritualista e mística das doutrinas de Platão, com influência do estoicismo e do pitagorismo. Segundo o neoplatonismo, o real é constituído por três hipóstases – o Uno, a Inteligência (Nous) e a Alma; as duas últimas procederiam da primeira por emanação [...]'" (Montagna, 2009).

Outro pensador, Santo Anselmo (1033-1109), monge beneditino, filósofo, prelado da Igreja e arcebispo de Cantuária, afirmava que os princípios morais seriam intuitivos e óbvios, condicionando as ações à vontade de Deus. É considerado fundador da escolástica[8], exercendo enorme influência sobre a teologia ocidental.

Por fim, São Tomás de Aquino (1225-1274), frade dominicano da Ordem dos Pregadores, produziu obras que tiveram grande influência na teologia e na filosofia, principalmente na escolástica. Diferentemente do que ocorria na Igreja à época, ele fez uma releitura do pensamento de Aristóteles. A filosofia moderna deve muito às ideias de Tomás de Aquino, seja por apoio, seja por oposição a suas teorias. Dando origem ao tomismo (conjunto das doutrinas teológicas e filosóficas desse pensador medieval), procurou conciliar a fé e a razão, condicionando os atos dos indivíduos à natureza humana.

Para Tomás de Aquino, o caminho para a felicidade estava em aceitar as contradições sociais, econômicas e a desigualdade como vontades de Deus, pois o indivíduo receberia a recompensa após a morte, pela contemplação do paraíso, o que permitiria a ele atingir a felicidade plena, individual e coletiva, participando do espírito divino e retornando a ele. Para manter a harmonia social, as pessoas deveriam ser guiadas pela moral em detrimento da ética, por esta ser considerada muito segmentada. Havendo essa subordinação da ética pela moral, inverteu-se a ótica a favor da dependência, submissão e obediência pautadas pelo cristianismo. Desse modo, o catolicismo mudou o conceito de ética, pois uma vida virtuosa e a bondade só seriam possíveis pela vontade divina, sendo assim, enquadrada na concepção considerada pecado da vaidade pelo cristianismo, razão que tornava a moral mais importante que a ética na Idade Média. Com a desvalorização do conceito de ética perante a moral, a primeira passou a

---

8 Escolástica ou escolasticismo foi o método de pensamento crítico dominante no ensino nas universidades medievais europeias de cerca de 1100 a 1500 (Menezes, 2015). Sobre o assunto, sugiro a leitura do artigo STREFLING, Sérgio Ricardo. A dialética do argumento único de Santo Anselmo. **ÁGORA FILOSÓFICA**, Ano 9, n. 1, p. 137 – 152, jan./jun. 2009.

ser utilizada em contextos específicos, em sua maioria de âmbito profissional e somente valeria entre iguais.

Com o Renascimento, final do século XIV, observa-se um retorno ao humanismo da Antiguidade. A economia de subsistência deu lugar a uma economia monetária, desenvolvendo-se o comércio e, com isso, propiciando o surgimento da burguesia. As ciências se desenvolveram, surgiram novas exigências, criou-se uma nova concepção de existência na qual o homem o centro do universo. A ética assumiu novos significados, determinados conforme os estratos sociais, porém sua referência eram os valores da Antiguidade Clássica. Essa ética burguesa adquiriu contornos pautados por novos valores, pois a moeda passou a ser o principal instrumento de troca.

Os descobrimentos provocaram grande impacto nas comunidades europeias, pois permitiram o contato com novos povos, novas culturas e novas religiões, originando novas concepções sobre a Terra e o universo. A Igreja sofreu divisões durante o século XVI, ensejando novas interpretações da palavra de Deus e colocando em dúvida crenças milenares. Surgiram teorias éticas que se afastam dos valores cristãos, gerando conflitos. Apoiando-se em valores da Antiguidade, durante os séculos XVI e XVIII, intensificou-se a discussão sobre os fundamentos racional e empírico da ética, abalando as bases normativas.

A Idade Moderna registrou a separação definitiva entre Estado e Igreja e a aceleração do avanço científico. Havendo muitos caminhos para se chegar à felicidade ou ao bem-estar, a ética passou a ser pensada como garantia de condições para o indivíduo se aperfeiçoar por meios dignos, tendo o Estado como responsável e garantidor de condições de transformação, fornecendo educação, direitos individuais, justiça e subsistência (Ramos, 2012).

Nessa quadra histórica, a ética novamente passou a ser compreendida pela busca da felicidade coletiva, voltando ao seu sentido original grego, vinculada com a política, compondo orientações para a realização plena do cidadão.

Desse período, alguns estudiosos se destacam, como René Descartes, filósofo, físico e matemático francês, que, apesar de não contemplar em seus estudos especificamente a ética, sugeriu, em sua

concepção filosófica, uma normatização ética ligada à razão, obrigando o indivíduo a refletir e tomar decisões corretas; as pessoas deveriam obedecer às leis e aos costumes do país, mantendo a religião e a fé em Deus.

Baruch Spinoza, racionalista da filosofia moderna, em sua obra *Ethica* (1677), foi mais preciso ao delimitar as questões éticas. Para ele, a razão era o principal elemento para frear as paixões humanas, permitindo ao homem chegar ao prazer e à felicidade. Para o filósofo holandês, a felicidade era virtude, sendo o próprio amor intelectual a Deus. Ele acreditava que o homem tinha uma felicidade inata e de natureza divina, sendo originária do universo físico-mental.

Thomas Hobbes, matemático e filósofo inglês, defendia a tese de que a natureza humana é desonesta, solitária e violenta. Uma das mais famosas frases atribuídas a esse pensador afirma que "o homem é o lobo do homem". Para manter a paz social, seriam necessários um contrato social e o fortalecimento do Estado. Para Hobbes, a monarquia era a vontade de Deus, sustentando, dessa forma, o Estado Absolutista. O pensador acreditava que o homem tinha o dever de refletir sobre seus atos e melhorar seu convívio social em prol da coletividade.

John Locke, filósofo inglês, defendia a teoria da tábula rasa, que afirmava que a mente humana é como uma folha em branco, sendo preenchida com suas experiências de vida. Essa teoria era uma crítica à doutrina das ideias inatas de Platão. O estudioso ainda defendia a liberdade e a tolerância religiosa.

David Hume, filósofo e historiador, no que diz respeito à ética, foi considerado o primeiro filósofo moderno. Diferentemente dos filósofos anteriores a ele, reconhecia que os sentimentos (as paixões) eram as únicas forças que levavam à ação, sendo a razão incapaz de controlar a paixão. Assim, a inteligência não tem ligação com a ética. Para tornar-se uma pessoa moralmente perfeita, isto é, um indivíduo bom, era necessário ter sentimentos bons.

Immanuel Kant, filósofo prussiano, procurou remediar o sensismo de Hume, seja na filosofia teórica, seja na filosofia moral, afirmando que a fonte da moralidade não é o sentimento, mas sim a razão prática. No entanto, Kant a entendia como lei moral, sendo imperativa, independentemente da capacidade cognitiva, contudo de cunho universal e necessário. Assim, da perspectiva moral, o único verdadeiro bem seria a vontade boa, isto é, para que o indivíduo seja bom, moralmente perfeito, é necessário que tenha uma vontade boa, uma boa intenção. Ao delinear sua ética, o filósofo pareceu não se preocupar com as consequências das ações nem de que forma devem agir os que são responsáveis por garantir o bem-estar e os direitos dos outros (os governantes, por exemplo). Há, por Kant, uma desvalorização da virtude da sabedoria, pois ele a considerava uma capacidade meramente técnico-prática, sem valor do ponto de vista moral, reduzindo a *phronesis* de Aristóteles a mera habilidade ou inteligência prática. Para Kant, seria necessário considerar a pessoa não só como meio, mas sempre como fim, e a concepção do "sumo bem" como unidade de felicidade e virtude. Portanto, devemos sempre lembrar a função atribuída por ele à "faculdade do juízo" como a capacidade de reconduzir o particular ao universal, mesmo que este seja um universal apenas procurado, faculdade que, de certo modo, retorna à *phronesis* de Aristóteles.

A ética moderna, mesmo tendo vínculos religiosos, tentou superar a moral, resgatando discussões da Antiguidade, na busca em direção à liberdade. Mesmo afirmando a autonomia do sujeito, não é uma ética da inteligência, ainda que a filosofia política moderna seja predominantemente contratualista, ou seja, apesar da livre participação dos indivíduos na criação do Estado, a ética foi pensada como instrumento de sustentação do poder estatal perante a vida coletiva e individual.

1.2 Ética contemporânea

> *O homem, ser social e histórico, ao objetivar-se, sempre pela mediação da consciência, atribui valor a coisas, a comportamentos e atitudes, a sentimentos etc., ou seja, o homem é um ser sóciohistórico que valora.*
> Cristina Maria Brites, 1997

No século XVIII, o Iluminismo inaugurou uma releitura da ética ao separar o conhecimento da religião. Estabeleceu-se uma visão ética por uma vertente ampla, abrangendo toda a humanidade. Deve-se a isso o fato de a Revolução Francesa ter pregado os ideais de liberdade, igualdade e fraternidade, com foco na diminuição das diferenças e estabelecendo um pacto social. Esses preceitos deveriam ser garantidos pelo Estado, permitindo uma igualdade efetiva.

Immanuel Kant desempenhou forte influência na universalização dos conceitos da ética, pois, para o pensador prussiano, sendo esse conjunto de regras e preceitos originário da razão, ele não tem caráter normativo, por ser fruto da boa vontade. Derivada da moral e determinada por ela, não deve ter caráter emocional ou desejos pessoais. Desse modo, a ética conta com os mesmos padrões da moral, mas é a razão que determinará o que é correto. O agir correto não é uma questão de liberdade, mas sim de responsabilidade. Os ideais iluministas propõem o conhecimento como base da racionalidade, sendo considerados o início da maioridade humana. Assim, "pensando na natureza falha da razão humana, Kant propõe que imperativos passem a servir de referência para o agir" (Ramos, 2012).

Graças ao avanço das ciências, a partir do século XVIII, combinada a essa concepção de ética, a tendência utilitarista, inaugurada pelo empirismo, também ganhou força. Conforme Ramos (2012):

> A partir das leis da física de Isaac Newton, a sociedade passou a ser vista como máquina, onde a ética atenderia e regularia seu funcionamento. Enquanto a teoria evolucionista de Charles Darwin possibilitou conceber a moral como produto da evolução do comportamento humano. Tendências que transformaram a ética em Ciência do julgamento dos atos morais, alterando normas de comportamento, pensadas em benefício da utilidade para a vida coletiva harmoniosa.

A partir do século XIX, a ética ultrapassou a qualidade de normativa, dando espaço à ética aplicada. A religião foi substituída pela ciência e pela economia, perdendo o posto de "ordem suprema". Eis que surge a ética utilitarista, ou ética revolucionária.

Na segunda metade do século XX, o conceito utilitarista da ética foi substituído, em parte, pela noção de multiplicidade de éticas, porém, até os dias atuais, subsiste a ideia de uma ética utilitarista, com raiz moral, conforme convenções e costumes transmitidos pela educação ou impostos socialmente.

No meio do século XX, os avanços científicos e tecnológicos foram grandiosos, elevando a condição de vida de muitas pessoas. Porém, isso não ocorreu de modo equânime no globo, haja vista a proporção entre progresso e desigualdade: enquanto o progresso beneficiava alguns, para muitos outros, a pobreza aumentava em condições alarmantes. A economia, responsável por muitas decisões, colaborava com a discrepância socioeconômica atingida. Fica evidente que a ética não penetrou no modo de produção capitalista.

O mundo assistiu ao nascimento da sociedade de consumo, com indivíduos dependentes do mercado. Surge, assim, o cidadão objeto e consumidor, com grande capacidade consumista, mas nenhuma participação nas "regras do jogo". Nessa sociedade de fruição, o individualismo e o desperdício alcançam o apogeu, com pouca preocupação com a cidadania e a ética, solidificando ainda mais as diferenças sociais.

Porém, as consequências de uma produção desenfreada começam a ser notadas, seja por doenças, seja por desastres da natureza. Aflora, então, o cidadão sujeito, iniciando uma consciência cívica preocupada com os excessos da humanidade. Nesse momento, a ética ressurge amplamente divulgada, mas carente de real sentido, muitas vezes concebida de forma equivocada. Ressaltamos que a ética profissional também ganhou destaque em todo o globo, igualmente interpretada, muitas vezes, de forma descabida, aplicada apenas entre aqueles que, aparentemente, eram iguais. Os códigos de ética são amplamente divulgados. Surgiram, ainda, muitos códigos de autorregulação, compostos de princípios éticos e princípios universais, mantendo as devidas adaptações regionais e profissionais e criando sanções aos infratores. Essa é a conhecida *ética normativa*, que, dessa vez, não mantém relações com a moral, exceto por sua origem. Tais regras emanam voluntariamente, mas não são impostas pela sociedade.

Por meio dessa ética normativa, surge a expressão *rótulo ético*, com o intuito de garantir que empresas não pratiquem atos condenados, como trabalho infantil ou escravo, além de serem obrigadas a respeitar a natureza e o homem.

Na mudança para o século XXI, surge a ética sustentável, embasada no respeito ao meio ambiente, preocupada com a excessiva degradação de recursos naturais, a qual implica fortes ameaças à sobrevivência humana. Portanto, podemos concluir que a ética sustentável tem como pilar o respeito à natureza e o equilíbrio da produção capitalista com a saúde ambiental, de forma a garantir a vida terrestre.

Síntese

Muitos consideram a ética algo semelhante à moral. Porém, como afirmamos, uma se distingue da outra.

A ética é uma reflexão sobre a ação humana, cujo resultado é um coletivo de ações tidas como excelentes se comparadas ao que se considera ser do "bem". Afirmamos, então, que a ética se expressa como uma reflexão sobre ações do bem imprimindo a elas um valor pessoal. A moral são hábitos ou costumes construídos em determinadas quadras históricas e vivenciados por uma comunidade humana. Dessa forma, a ética pode ser compreendida como uma reflexão sobre uma moral vigente. Apesar de diferentes, ética e moral se complementam.

O Egito Antigo se constitui em referência nos estudos da ética, possibilitando às outras épocas e países enorme progresso intelectual.

Na Grécia Antiga, a filosofia da ética se desenvolveu por um período de mais de dez séculos. Dessa época, os três maiores expoentes intelectuais foram: Sócrates, Platão e Aristóteles. A ética tinha, entre os gregos, uma relação muito estreita com a política. Nos dias atuais, todo pensamento ético é uma herança deixada pelos gregos.

Na Idade Média, o catolicismo mudou o conceito de ética, pois uma vida virtuosa e a bondade só seriam possíveis pela vontade divina, ou seja, a ética vinculava-se à religião e aos dogmas cristãos.

Santo Agostinho, Santo Anselmo e São Tomás de Aquino foram os grandes pensadores da época.

No final do século XIV, período do Renascimento, a ética assumiu novos significados determinados conforme os estratos sociais. Outras teorias surgiram com conceitos que a afastavam dos valores cristãos.

Na Idade Moderna, a ética novamente passou a ser compreendida pela busca da felicidade coletiva, voltando ao seu sentido original grego, vinculada à política, compondo orientações para a realização plena do cidadão. Nesse cenário, entre outros pensadores importantes, destaca-se René Descartes, filósofo, físico e matemático francês, que, apesar de não contemplar em seus estudos especificamente a ética, sugeriu, em sua concepção filosófica, uma normatização ética ligada à razão, obrigando o indivíduo a refletir e tomar decisões corretas.

A partir do século XIX, a ética ultrapassou a qualidade de normativa, dando espaço à ética aplicada. A religião foi substituída pela ciência e pela economia, perdendo o posto de "ordem suprema". Surgiu, então, a ética utilitarista ou ética revolucionária.

Na segunda metade do século XX, o conceito utilitarista da ética é parcialmente substituído pela noção de multiplicidade de éticas, porém, até os dias atuais, ainda subsiste a ideia de uma ética utilitarista, com raiz moral, conforme convenções e costumes transmitidos pela educação ou impostos socialmente.

Na mudança para o século XXI, surge a ética sustentável, embasada no respeito ao meio ambiente, preocupada com a excessiva degradação de recursos naturais, a qual implica grandes ameaças à sobrevivência humana. Portanto, podemos concluir que a ética sustentável tem como pilar o respeito à natureza e o equilíbrio da produção capitalista com a saúde ambiental, de forma a garantir a vida terrestre.

Questões para revisão

1. A ética normativa pressupõe quais condições?
2. A partir do século XIX, como se constituiu a concepção de ética?

3. A Idade Moderna registrou a separação definitiva entre Estado e Igreja e a aceleração do avanço científico. A ética passou a ser pensada como garantia de condições para o indivíduo se aperfeiçoar por meios dignos, tendo o Estado como responsável e garantidor de condições de transformação, fornecendo educação, direitos individuais, justiça e subsistência. Nessa quadra histórica, como a ética (novamente) é concebida?

   a) Como busca da felicidade coletiva, retornando ao sentido original grego, vinculada com a política, compondo orientações para a realização plena do cidadão.
   b) Como alternativa para a cidadania, com o significado grego vinculado a questões da Igreja e Estado.
   c) A religião e a ciência foram substituídas pela ética, assumindo uma "ordem suprema" na sociedade.
   d) Na modernidade, a ética é concebida pelo respeito ao meio ambiente, preocupada com a excessiva degradação de recursos naturais, a qual implica grandes ameaças à sobrevivência humana.
   e) Nessa quadra histórica se compreendia a ética como lei moral, sendo imperativa, independentemente da capacidade cognitiva, contudo de cunho universal e necessário.

4. Que revolução pregou os ideais de liberdade, igualdade e fraternidade, com foco na diminuição das diferenças, estabelecendo um pacto social, entendendo que esses preceitos deveriam ser garantidos pelo Estado, permitindo uma igualdade efetiva?
   a) Revolução Industrial.
   b) Revolução Francesa.
   c) Revolução Gloriosa.
   d) Revoltas Liberais de 1842.

5. No século XVIII, qual pensamento inaugurou uma releitura da ética ao separar o conhecimento da religião?
   a) Iluminismo.
   b) Humanismo.
   c) Renascentismo.
   d) Modernidade.

Questões para reflexão

1. Reflita sobre a relação entre a ética e o meio ambiente.
2. Pondere sobre direitos humanos e ética.

Para saber mais

INSTITUTO CPFL. **Café Filosófico**: ética na contemporaneidade – André Martins. Disponível em: <https://www.youtube.com/watch?v=_vbK-GX1fZs>. Acesso em: 3 maio 2018.

O vídeo promove uma reflexão com base no seguinte questionamento: como deve ser fundamentada a ética no mundo contemporâneo? Será desenvolvida a reflexão com base no pensamento de Spinoza, Nietzsche e Winnicott.

INSTITUTO CPFL. **Café Filosófico**: a crise moral contemporânea. Disponível em: <https://www.youtube.com/watch?v=RBWH9_xZLlI>. Acesso em: 3 maio 2018.

O filósofo Clóvis de Barros Filho discute a ética nas civilizações grega, medieval e moderna considerando a questão: em que lugar estamos?

CAPÍTULO 2

Ética profissional e códigos de ética no Serviço Social

Conteúdos do capítulo:

- Contextualização sobre o que são códigos de ética.
- Condição ética nos espaços público e privado das organizações.
- O profissional como sujeito ético que, por sua vez, responde ao código de ética de sua profissão.
- Alinhamento dos códigos de ética a projetos societários.
- Trajetória histórica dos códigos de ética do Serviço Social a partir de 1940 até os dias atuais.

Após o estudo deste capítulo, você será capaz de:

1. compreender o que são códigos de ética;
2. avaliar a ética no ambiente organizacional, bem como nas profissões e, em específico, no Serviço Social;
3. definir o que são projetos societários e projetos profissionais, bem como determinar a relação entre ambos;
4. compreender como se constitui o projeto ético-político da profissão: gênese, contexto histórico, estrutura e princípios.

> *Imersos neste compêndio de preceitos, normas, regras, artigos e parágrafos encontramos, também, poesia, história, justiça, vontade, dor, pluralidade que foram embebidas na democracia na construção de uma práxis profissional que busca muito mais do que esta cidadania pintada com cores da burguesia. Queremos outra sociedade! Queremos nos saciar sempre de justiça. A fome é tamanha [...]. Insatisfeitos/as seremos se o prato for a igualdade formal. Queremos muito mais [...].*
>
> Andréa Lima, 2003

Normalmente, um código de ética tem como função principal a definição dos princípios que o fundamentam, os quais, por sua vez, se articulam em dois eixos de normas: os direitos e os deveres (Oliveira, 2012).

Na atual sociedade, há um reordenamento constante de princípios e valores pautando as relações sociais, paramentando, por exemplo, as condições de trabalho.

Podemos compreender por princípios os preceitos, as leis ou os pressupostos reconhecidos como universais, que definem e orientam uma sociedade civilizada. Exemplos destes são: liberdade, paz e plenitude. Os princípios são válidos para os espaços privados e públicos.

> Como cidadãos – pessoas e profissionais –, esses princípios fazem parte da nossa existência e durante uma vida estaremos lutando para torná-los inabaláveis. Temos direito a todos eles, contudo, por razões diversas, eles não surgem de graça. A base dos nossos princípios é construída no seio da família e, em muitos casos, eles se perdem no meio do caminho.
>
> De maneira geral, os princípios regem a nossa existência e são comuns a todos os povos, culturas, eras e religiões, queiramos ou não. Quem age diferente ou em desacordo com os princípios universais acaba sendo punido pela sociedade e sofre todas as consequências. São as escolhas que fazemos com base em valores equivocados, não em princípios. (Mendes, 2018, p. 1)

Diferentemente dos princípios, os valores são subjetivos e contestáveis, ou seja, o que tem valor para uma pessoa não necessariamente tem para outra. Entendemos que os valores se constituem em normas e/ou padrões sociais quase sempre aceitos ou mantidos por determinadas pessoas, classes sociais e sociedade. Nesse sentido, os valores estão presentes no âmbito cultural.

É importante destacarmos que, enquanto os princípios se apresentam e se aplicam como verdades profundas, fundamentais, os valores se apresentam como práticas e hábitos (Miranda, 2016).

As sociedades contemporâneas, marcadas pela diversidade, apresentam valores cada vez mais etéreos, tornando-se complexo estabelecer os princípios que as norteiam em suas relações sociais e de trabalho. Nesse sentido, não há uma única ética, universal e válida para todos os espaços e tempos.

Para um código de ética, o conceito de *direitos* se apresenta com a incumbência de definir o perfil de grupo social. Essa definição dos deveres passa pelo esforço individual de cada integrante na busca por se tornar um ser humano melhor. Assim, sua produção deve, necessariamente, envolver todos os seus integrantes de forma democrática, para que todos possam participar, por meio de consensos progressivos, cujo resultado seja reconhecido como representativo de todas as disposições morais e éticas do grupo.

"A elaboração de um código de ética, portanto, realiza-se como um processo ao mesmo tempo educativo no interior do próprio grupo. Deve resultar num produto tal, que cumpra ele também uma função educativa e de cidadania diante dos demais grupos sociais e de todos os cidadãos" (Oliveira, 2012, p. 54).

Nessa iniciativa, quanto mais participativa e democrática for a constituição de um código de ética, maior será sua legitimidade, bem como maior será a identificação dos integrantes com o grupo, consequentemente, suas possibilidades de eficácia serão muito maiores.

2.1 Ética nas organizações

Discorrer sobre a ética no âmbito profissional se traduz em condição essencial para uma atuação responsável e competente. Nesse contexto, algumas questões devem ser respondidas:

- Como a ética deve ser refletida nas organizações empregatícias?
- De que forma definir relações profissionais, apropriadas no âmbito das organizações?

Sendo uma criação social, uma organização se constitui por pessoas que nela interagem, por meio de múltiplos processos e insumos, para alcançar determinados objetivos.

Assim, toda produção social ocorre de forma coletiva, ou seja, em sociedade. Destarte, a produção e a sociedade são produtos engendrados pelos seres humanos. No entanto, uma primeira decorrência ética dessa condição é a forma de conceber o ser humano.

Segundo Camargo (2006), as organizações não devem conceber o ser humano como "peça de uma engrenagem", como um objeto entre outros, mas sim como integrantes com capacidades para construir coletivamente a identidade organizacional. Em outros termos, sendo um coletivo, as organizações devem fazer prevalecer o "nós" sobre o "eu". As relações, portanto, devem se pautar por princípios e valores que possibilitem condições de espaços e convivências éticas.

As organizações, inseridas em sociedades democráticas e pluralistas, geralmente elegem diferentes critérios para estabelecer seus valores éticos e os preceitos de conduta para os profissionais que ali atuam. Essa decisão se alia à imagem da organização, tornando-a aceitável, confiável, ou não, no espaço social de que faz parte.

Inseridos em determinadas organizações, os profissionais, sendo sujeitos éticos, agem com base em determinados princípios e normas orientados por sua categoria profissional.

> A ética profissional está ligada à postura que se espera de um profissional, no exercício de uma determinada tarefa ou profissão. Ou seja, é a conduta que o indivíduo deve observar em sua atividade, no sentido de valorizar a profissão ou atividade laboral e bem servir aos que dela dependem. (Silva, 2012, p. 71)

O sujeito ético deve ter determinada formação técnica consistente e moral adequada para o exercício profissional no contexto de uma organização, podendo ser de natureza privada, pública ou autônoma.

Conforme Oliveira (2012, p. 53), o profissional deve estar apto a buscar a competência técnica, o aprimoramento constante aliado às seguintes condutas:

> Competência técnica, aprimoramento constante, respeito às pessoas, confidencialidade, privacidade, tolerância, flexibilidade, fidelidade, envolvimento, afetividade, correção de conduta, boas maneiras, relações interpessoais verdadeiras, responsabilidade, confiança e outras formam composições para um comportamento eticamente adequado.

Todavia, é necessário que, no decorrer da formação profissional, o sujeito se aproprie de conteúdos teóricos e éticos – a precariedade na assimilação e na interpretação de tais conhecimentos implica prejuízos para si próprio, para a coletividade dos demais profissionais e, principalmente, para seus usuários.

Um detalhe, não menos importante, é que a conduta ética não inibe iniciativas criativas, propositivas, com deliberações para o que é bom para a organização, seu trabalho e seus usuários.

O aspecto ético direcionado para a vida profissional é tão importante que as profissões regulamentadas criam seus próprios códigos de ética, ou, em outros termos, um conjunto de princípios, valores, normas que deverão ser observados pelos profissionais.

São prescrições que devem ser atendidas pelo profissional. Caso não sejam observadas, preveem, inclusive, penalidades. Em situações extremas, o profissional poderá ser cassado e perder o direito de exercer sua profissão. São denominados, também, *códigos deontológicos* – palavra originária do grego *deon*, que se traduz em "fazer o que deve ser feito" – e se apresentam como um documento

composto de "deveres exigidos no exercício de uma determinada profissão, que se expressará em obrigações profissionais, ou seja, o que um profissional deve fazer e o que ele não pode fazer no exercício da profissão" (Silva, 2012, p. 71).
Cada profissão regulamentada tem seu código de ética. Veremos, a seguir, alguns princípios, afirmativos e restritivos, que, de maneira geral, estão presentes na maioria dos códigos.
Quanto aos princípios afirmativos, são eles:

> primar pela honestidade, entendida como uma conduta exemplar, no sentido de respeitar as normas de trabalho e os valores definidos como positivos em nossa sociedade;

> executar seu trabalho procurando maximizar suas realizações, no sentido da busca constante da excelência. Ou seja, para ser ético, um profissional não pode nunca se acomodar e acreditar que já sabe tudo; ao contrário, deve buscar constantemente aperfeiçoamento de si próprio e da profissão que exerce;

> formar uma consciência profissional, isto é, agir em conformidade com os princípios que a profissão define como os corretos para a atividade que exerce;

> respeitar a dignidade da pessoa humana em si e nas relações que estabelece com colegas, com pessoas que recebem o serviço de sua profissão etc. Neste princípio está implícita a ideia de que o profissional deve manter um tratamento respeitoso e educado com as pessoas com as quais se relaciona, com colegas de trabalho, com subordinados e superiores hierárquicos;

> ter lealdade profissional, ou seja, honrar a própria profissão ou a instituição na qual exerce a atividade laboral;

> manter sempre segredo profissional em relação a situações, informações e acontecimentos para os quais a atividade profissional exigir sigilo;

> ser discreto no exercício profissional. Por exemplo, a profissão ou situações profissionais não podem ser utilizadas para buscar fama instantânea através de sensacionalismo midiático;

> prestar contas aos superiores. É um dos pilares da ética profissional o dever da pessoa que exerce uma profissão de manter as situações de hierarquia imediata no ambiente de trabalho;

seguir as normas administrativas da empresa na qual trabalha e principalmente as normas definidas para o exercício profissional. (Silva, 2012, p. 73)

Outros, considerados inadequados eticamente e, portanto, restritivos nos códigos de ética, são:

> negar-se a colaborar com os colegas nas dependências da empresa para a qual trabalha;
>
> mentir e semear a discórdia entre os colegas de trabalho;
>
> utilizar informações privilegiadas conseguidas na atividade laboral para obter vantagens pessoais;
>
> fazer concorrência desleal, oferecendo seus serviços a preço abaixo do definido na profissão para prejudicar colegas;
>
> não realizar adequadamente seus serviços profissionais;
>
> ter conduta egoísta não transmitindo conhecimentos e experiências necessárias para o bom funcionamento do ambiente profissional;
>
> fazer publicações ou declarações indecorosas e inexatas. (Silva, 2012, p. 73-74)

Tais comportamentos ou situações são construídos no dia a dia na perspectiva de buscar outro paradigma para a convivência, seja no âmbito profissional, seja no âmbito privado – trata-se de referências com o objetivo de definir as ações e proteger os profissionais e as pessoas que delas dependem. São sociabilidades que se estabelecem tendo como horizonte a questão do respeito e da dignidade.

No total, o código deve expressar obrigações éticas para a convivência humana na perspectiva de superarmos o que já temos, realizamos e somos, na busca incansável daquilo que poderemos ter, realizar e ser.

Atitudes éticas se revelam como amor pela humanidade. Não estão no campo exclusivo das vontades e do livre-arbítrio de cada pessoa, mas são uma construção consciente e deliberada dos homens na sociedade (Oliveira, 2012).

Assim, o *outro* é uma pessoa com direitos e sua vida deve ser tão digna quanto a minha deve ser. Em outras palavras, o fundamento dos direitos e da dignidade do outro consiste em sua própria vida e sua liberdade de viver plenamente (Oliveira, 2012).

A ética profissional não se dissocia do contexto sociocultural e do debate filosófico. Ao contrário, ela mantém uma profunda relação com a ética social e, portanto, com os projetos sociais. Apartar os projetos profissional dos sociais equivale a cindir a própria vida do homem na sua totalidade.

2.2 Projetos societários, profissionais e ético-políticos do Serviço Social

A primeira proposta para a elaboração de um código moral foi criada, em 1940, pela União Católica Internacional de Serviço Social (Uciss), sediada na Bélgica, cujo sentido foi orientar a prática do profissional de acordo com a doutrina social.

Os códigos de ética do Serviço Social revelam uma história de transformação, no cenário brasileiro, entre os anos de 1947 e 1993. Esses documentos pautam a trajetória do exercício dos profissionais que atuam em distintos tempos e espaços sócio-ocupacionais.

Contextualizaremos, agora, o significado dos projetos societários[1] e dos projetos profissionais, bem como a relação entre ambos. Ainda, abordaremos a constituição do projeto ético-político da profissão, esclarecendo sua gênese, seu contexto histórico, sua estrutura e seus princípios.

A expressão *projeto* nos remete a estudo, ideia ou projeção de uma proposta a ser realizada como resposta a problemas de diversas naturezas.

---
1 O conteúdo sobre projeto societário se fundamentou em Netto (2006).

Os projetos devem contemplar determinados resultados factíveis, definindo parâmetros avaliativos e, principalmente, acolhendo os requisitos das partes envolvidas. Podem tanto envolver um único indivíduo como requerer milhares de pessoas. Podem necessitar de pouco ou muito tempo para execução e legitimação, a fim de alcançar o êxito esperado (Mota, 2011).

Conforme Mota (2011), um dos requisitos essenciais para a existência de uma profissão são os projetos profissionais. De acordo com a sociologia das profissões[2], os projetos profissionais tendem a se vincular fortemente a determinados projetos societários, apresentando uma fundamentação teórica e a contemplação às necessidades dos usuários de seus serviços. Ainda, comportam uma dimensão política que envolve relações de poder e uma concorrência entre diferentes projetos profissionais.

Projetos societários representam imagens de uma sociedade a ser construída, que precisam de determinados valores para justificá-la e que privilegiam certos meios materiais e culturais para concretizá-la; com "estruturas flexíveis e cambiantes: incorporam novas demandas e aspirações, transformam-se e se renovam conforme as conjunturas históricas e políticas" (Netto, 2008, p. 143). Projetos coletivos se constituem de aspectos macroscópicos, como propostas para o conjunto da sociedade, ou seja, têm um nível de amplitude e caráter inclusivo.

Na sociedade brasileira, os projetos societários são, necessária e simultaneamente, representados pelos projetos de classe, ainda que refratem mais ou menos fortemente determinações de outra natureza (culturais, de gênero, étnicas etc.). Seu núcleo revela a marca da classe social a cujos interesses essenciais responde.

---

2 Quer saber sobre o que é a sociologia das profissões? Consulte: ANGELIN, P. E. Profissionalismo e profissão: teorias sociológicas e o processo de profissionalização no Brasil. **Revista Espaço de Diálogo e Desconexão**, v. 3, n. 1, Araraquara: Unesp, jul./dez. 2010. Disponível em: <http://seer.fclar.unesp.br/redd/article/viewFile/4390/3895%3E>. Acesso em: 3 maio 2018.

Dessa forma, o projeto societário, como em qualquer projeto coletivo, se apresenta com uma dimensão política[3], que envolve relações de poder.

Na tendência marxista, os integrantes da sociedade sempre atuam teleologicamente – ou seja, as atividades humanas sempre são orientadas por objetivos, metas e fins. A ação humana, seja individual ou coletiva, tem como referências suas necessidades e seus interesses, implicando, assim, um projeto, uma antecipação ideal da finalidade que se pretende alcançar, com a invocação de valores que legitimam a escolha dos meios para realizá-lo.

Em um contexto democrático-político, há concorrência entre diferentes projetos societários. Em uma sociedade ditatorial, prevalece a vontade da classe social que exerce o poder político, com mecanismos e dispositivos especialmente coercitivos e repressivos. Destarte, tornam-se importantes a conquista e a garantia das liberdades políticas fundamentais, como as expressões e as manifestações dos pensamentos, de associação, de votar e ser votado, entre outros, como condição para a manifestação, a disputa e a adesão de integrantes da sociedade a distintos projetos societários.

Entretanto, experiências históricas revelam que, na ordem do capital, por razões econômico-sociais e culturais, mesmo em contextos democrático-políticos, os projetos societários, antagônicos a tal ordem, como o da classe trabalhadora e subalterna, sempre dispõem de condições menos favoráveis no enfrentamento aos projetos da classe burguesa e politicamente dominante (Netto, 2006).

No contexto de uma sociedade,

> inscrevem-se inúmeros projetos coletivos, como aqueles relacionados às profissões – especificamente as profissões que, reguladas juridicamente, supõem uma formação teórica e/ou técnico-interventiva, em geral de nível acadêmico superior. [...] Tais projetos são construídos por um sujeito coletivo – o respectivo corpo (ou categoria) profissional, que inclui não apenas os profissionais "de campo" ou "da prática",

---

3 Aqui não nos referimos à dimensão política como partidos, apesar de considerá-los como instituições indispensáveis e insubstituíveis para a organização democrática da vida social no atual estágio capitalista.

mas que deve ser pensado como o conjunto dos membros que dão efetividade à profissão. (Netto, 2008, p. 144)

Desse modo, percebemos, com base nos conteúdos expostos, que a construção de projetos coletivos se relaciona estreitamente a projetos societários, os quais, por sua vez, expressam as sociabilidades engendradas, as formas de ser de uma sociedade e das profissões.

O projeto profissional é resultado da organização dos sujeitos e das instituições que integram a profissão – os docentes e os estudantes da área, seus organismos corporativos, acadêmicos e sindicais, entre outros. Considerando o Serviço Social no Brasil, tal organização compreende o Conselho Federal de Serviço Social (CFESS), os Conselhos Regionais de Serviço Social (Cress), a Associação Brasileira de Ensino e Pesquisa em Serviço Social (Abepss), a Executiva Nacional de Estudantes do Serviço Social (Enesso), os sindicatos e outras associações de assistentes. A organização profissional é requisito fundamental "para que um projeto profissional se afirme na sociedade, ganhe solidez e respeito frente às outras profissões, às instituições privadas e públicas e frente aos usuários dos serviços oferecidos pela profissão é necessário que ele tenha em sua base um corpo profissional fortemente organizado" (Netto, 2008, p. 144).

Com estruturas dinâmicas, os projetos profissionais respondem às alterações no sistema de necessidades sociais sobre o qual a profissão se desenvolve – as transformações econômicas, históricas e culturais (Piana, 2009) –, à atualização teórica e prática da própria profissão e às mudanças na composição social do corpo profissional. Por tudo isso, os projetos profissionais igualmente se renovam e se modificam em um devir histórico.

Conforme Yamamoto (2012), a construção de um projeto profissional, como dito anteriormente, é resultado do trabalho de um sujeito coletivo, dado em um universo heterogêneo – os integrantes da categoria profissional, que são, quase sempre, diferentes entre si, seja por suas origens, situações, expectativas sociais diferentes, condições intelectuais diversas, comportamentos e preferências teóricas, ideológicas e políticas variadas. Dessa forma, o corpo profissional não é uma unidade homogênea, mas uma unidade diversificada, com projetos individuais e societários distintos. Portanto, a profissão configura-se como um espaço plural do qual podem surgir projetos profissionais dessemelhantes.

Tal condição expõe as tensões e lutas no âmbito endógeno da profissão. Em outros termos, a afirmação e a consolidação de um projeto profissional, em seu próprio âmbito, não suprime divergências e contradições. Assim, é importante pôr em prática o debate, a discussão, o confronto de ideias em contexto de liberdade e respeito. Em outras palavras, sempre haverá profissionais com propostas distintas, com projetos alternativos, denotando que a hegemonia de um projeto não exclui a presença de outros.

Para Martinelli (2006), a hegemonia de um projeto é uma conquista realizada pela maioria dos integrantes de determinada profissão, não há outorga, revelando um espaço de negociação política, de luta social no âmbito do próprio corpo coletivo.

A existência de um projeto profissional hegemônico ao lado de outros projetos alternativos evidencia o pluralismo como um elemento factual da vida social e da própria profissão que deve ser respeitado (Netto, 2006).

> Mas este respeito, que não deve ser confundido com uma tolerância liberal para com o ecletismo, não pode inibir a luta de ideias. Pelo contrário, o verdadeiro debate de ideias só pode ter como terreno adequado o pluralismo que, por sua vez, supõe também o respeito às hegemonias legitimamente conquistadas. (Netto, 2008, p. 146)

O pluralismo profissional supõe um pacto entre seus integrantes: um acordo sobre determinados aspectos que, no projeto, são imperativos ou indicativos. Segundo Netto (2006), os aspectos imperativos são os elementos compulsórios, obrigatórios para todos que atuam profissionalmente e, em geral, são objeto de regulação jurídico-estatal; aspectos indicativos são aqueles em não há um mínimo consenso que garanta seu cumprimento rigoroso e idêntico por todos os integrantes da categoria profissional.

No Brasil, o Serviço Social apresenta como aspectos imperativos a formação acadêmica, o curso no ensino superior, com padrões curriculares minimamente determinados, credenciado e reconhecido pelo Ministério da Educação (MEC), inscrito na respectiva organização profissional.

O cuidado a tais questões é mais importante quando consideramos a relação dos projetos profissionais com os projetos societários. Nem sempre há uma sintonia entre o projeto societário hegemônico e o projeto hegemônico de um determinado corpo profissional. Em determinadas conjunturas, há conflitos, divergências e contestações entre o projeto societário hegemônico e projetos profissionais que conquistem hegemonia em suas respectivas categorias – importante considerarmos que no interior dos âmbitos societário ou profissional, há sempre fluxos de forças divergentes e, nessa perspectiva, tais forças podem se apresentar com maior ou menor intensidade quando os interesses são contrários, como é o caso do Serviço Social, que busca a promulgação dos direitos da classe trabalhadora e subalternas em uma sociedade cujo projeto societário busca satisfazer os interesses da classe burguesa (Netto, 2006).

É fato que as divergências não podem ser resolvidas somente no âmbito de uma categoria profissional. É necessária uma interpretação da dinâmica posta pelas classes e camadas sociais, bem como o estabelecimento de relações e alianças com outras categorias profissionais e usuários dos serviços profissionais, principalmente com sujeitos que se vinculem às classes que dispõem de potencial para gestar um projeto societário alternativo ao da classe dominante (Netto, 2006).

Em situações antagônicas, é preciso observar que o enfrentamento entre projetos societários e profissionais hegemônicos, numa sociedade capitalista, impõe balizas – mesmo um projeto profissional crítico e avançado deve considerar tais limites, cujas linhas mais evidentes se expressam nas condições institucionais do mercado de trabalho. No entanto, segundo Martinelli (2006), conforme as condições históricas, os enfrentamentos específicos devem transcender o nível da coletividade, bem como da própria categoria profissional, impulsionando-as a outros níveis de alianças e parcerias.

Na primeira metade dos anos 1980, em um cenário de grande efervescência política, com a instauração de um Estado democrático, o Serviço Social encontra uma base apropriada para a ruptura com o conservadorismo, historicamente reciclado e metamorfoseado na e pela profissão.

Assim, discorrer sobre projeto profissional como autoimagem do Serviço Social pressupõe considerar a profissão com muitos desafios, mas também com muito retorno, considerando-a, principalmente, como a construção do campo dos direitos sociais.

Sua prática ocorre em determinados espaços sociais, acercando-se o máximo possível da vida cotidiana das pessoas com as quais trabalha. Conforme Martinelli (1994), trata-se de uma profissão com uma dimensão de realidade muito grande, com a possibilidade de construir e reconstruir identidades[4] – a da profissão e a nossa – em um movimento contínuo da interlocução com os movimentos sociais, com os setores organizados da sociedade civil, participando da construção de um novo tecido social, de uma nova sociedade.

> É neste espaço de interação entre estrutura, conjuntura e cotidiano que nossa prática se realiza. É na vida cotidiana das pessoas com as quais trabalhamos que as determinações conjunturais se expressam. Portanto, assim como precisamos saber ler conjunturas, precisamos saber ler também o cotidiano, pois é aí que a história se faz, aí é que nossa prática se realiza. (Martinelli, 2006, p. 14-15)

Desde suas origens, a profissão tem como compromisso a construção de uma sociedade humana digna e justa – esse é o núcleo fundante do projeto ético-político como compromisso de cada dia.

---

4   Há, pela profissão, uma preocupação com a construção de uma identidade, denominada por Martinelli (2006) *identidade pela positividade*. Tal construção requer atuação e trabalho coletivos, de forma pública, na vida cotidiana, acompanhados dos movimentos sociais, com outros profissionais e usuários. Nesse sentido, uma das principais condições é a da recuperação da "centralidade do humano, de reconhecer os sujeitos sociais como legítimos construtores da prática social" (Martinelli, 2006, p. 11). O exercício profissional não se constrói solitariamente, mas de forma inclusiva com todas as pessoas, sendo elas "crianças, adultos, anciãos, moradores de rua, pois não há ser humano sem história" (Martinelli, 2006, p. 11).

O debate do que vem sendo denominado *projeto ético-político* do Serviço Social é algo muito recente para a profissão e, segundo Martinelli (2006, p. 18), sua "legitimação deve ocorrer em diferentes níveis, envolvendo desde os contratantes do trabalho profissional do assistente social, até outros coletivos profissionais, as agências formadoras e especialmente os sujeitos que demandam a sua prática"[5].

Apesar de seu engendramento ocorrer em um campo coletivo e politicamente organizado, sua elaboração apresenta um cenário repleto de diversidades e com disputas de significados[6].

A dimensão política somente adquire materialidade e concretude nos diferentes planos do exercício profissional, o qual, como ato político, recebe e produz impactos societários. Portanto, como construção sócio-histórica, o projeto da profissão só se consolida em um devir histórico (Martinelli, 2006). Isso nos remete a um permanente movimento de construção/reconstrução crítica, pois projetos ético-políticos e práticas profissionais devem pulsar com o tempo e com o movimento (Martinelli, 2013). Construção e reconstrução são atos políticos, são produtos de sujeitos coletivos em contextos históricos determinados (Martinelli, 2006).

A adesão a determinado projeto profissional revela escolhas, compromisso e responsabilidades como categorias éticas que não podem ser eliminadas da profissão, mesmo que em determinados contextos possam não ser conscientes para parte de seus profissionais.

---

5 Segundo Martinelli (2006), a discussão sobre o projeto ético-político profissional data da segunda metade dos anos 1990, portanto, tal discussão revela claramente a escassa documentação sobre o assunto. Sua base teórica se vincula à teoria social de Marx.

6 Martinelli busca a concepção de coletividade com base em Eder Sader (1988, citado por Martinelli, 2006, p. 16, grifo do original): *"uma instância organizativa onde se elabora uma identidade e se organizam práticas através das quais seus membros pretendem defender seus interesses e expressar suas vontades, constituindo-se nessas lutas"*. E complementa: "Sujeitos coletivos expressam consciências partilhadas, são sujeitos que lutam por vontades históricas determinadas. Por isto é tão importante o conhecimento das cambiantes dinâmicas societárias, das múltiplas expressões da questão social, pois o projeto profissional do Serviço Social, ou seja, o projeto ético-político da profissão, de alguma forma relaciona-se com o projeto societário mais amplo" (Martinelli, 2006, p. 17).

Desse modo, implica decisões de valores inseridos na totalidade dos papéis e da atividade que legitimam a relação entre o indivíduo e a sociedade, podendo estar ou não em concordância. Se não estiverem, instituem-se conflitos éticos, momento em que as normas e os princípios devem ser reavaliados, negados ou reafirmados (Martinelli, 2006).

Segundo Netto (2001), a materialização do projeto ético-político ocorre por meio de elementos agregados – de natureza legal –, técnicas e éticas que buscam constantemente uma direção para o fazer profissional. Entretanto, sua direcionalidade está intimamente relacionada às práticas profissionais, consideradas as mais importantes formas de efetivação do projeto, podendo ocorrer ou não a consolidação dos princípios norteadores do projeto.

Um dos primeiros estudiosos a escrever sobre o projeto ético-político do Serviço Social foi o intelectual Paulo Netto, na segunda metade dos anos 1990. Apesar de essa discussão ser, na atualidade, relativamente nova para o âmbito profissional, a construção de tal projeto não é tão recente: está datada da transição da década de 1970 à de 1980, registrando momentos importantes do desenvolvimento de Serviço Social no Brasil, mas, principalmente, pelo enfrentamento e pela denúncia do conservadorismo profissional. "É neste processo de recusa e crítica do conservadorismo que se encontram as raízes de um projeto profissional novo, precisamente as bases do que se está denominando projeto ético-político" (Netto, 1999, p. 1).

No contexto da década de 1980, as aspirações democráticas e populares ganham força e são incorporadas e intensificadas pela vanguarda de Serviço Social. Há, pela primeira vez, no interior da categoria profissional, a evidência de outros projetos societários aliados a determinados interesses, alheios aos das classes e dos setores dominantes. É importante salientarmos que tal condição foi favorecida pelo crescimento do número de profissionais à época, provenientes das novas camadas médias urbanas.

Ademais, para Martinelli (2013), a construção do projeto ético-político se traduz em atividades coletivas nas quais a participação é expressa pela nossa vida por meio de histórias, densidades das práticas profissionais construídas, lugares sociais que ocupamos e respectivas funções que desempenhamos, tudo isso associado ao conjunto CFESS/Cress/Abepss, com as organizações socioassistenciais e com as agências formadoras de ensino e pesquisa. No entanto, segundo Netto (1999; 2001), outros são os condicionantes para a constituição de um projeto profissional, além do aspecto político. Com a Reforma Universitária, em 1968, posta pelo governo ditatorial, o Serviço Social se legitima no contexto acadêmico por meio dos cursos de pós-graduação[7] – na década de 1970 surgem os mestrados e, na de 1980, os doutorados. Os estudos e as investigações na pós-graduação permitiram aos assistentes sociais estabelecer profícuo diálogo com diversas áreas do conhecimento, em específico com as Ciências Sociais, incorporando matrizes teóricas e metodológicas inspiradas na tradição marxista, resultando na formação de quadros intelectuais com pensamentos críticos e posicionamentos de ruptura ao conservadorismo, bem como angariando o respeito pela categoria profissional. No entanto, é preciso considerar que

> O Serviço Social é uma *profissão* – uma especialização do trabalho coletivo, no marco da divisão sociotécnica do trabalho –, com estatuto jurídico reconhecido (Lei 8.669, de 17 de junho de 1993); enquanto profissão, não é uma ciência nem dispõe de teoria própria; mas o fato de ser uma profissão não impede que seus agentes realizem estudos, investigações, pesquisas etc. e que produzam conhecimentos de natureza teórica, incorporáveis pelas ciências sociais e humanas. Assim, enquanto profissão, o Serviço Social pode se constituir, e se constituiu nos últimos anos, como uma área de produção de conhecimentos, apoiada inclusive por agências públicas de fomento à pesquisa (como, por exemplo, o Conselho Nacional de Desenvolvimento Científico e Tecnológico/CNPq). (Netto, 1999, p. 12, grifo do original)

---

[7] "É importante ressaltar que a criação da pós-graduação no Brasil obedece à mesma lógica de tantos outros processos históricos do Brasil e de outros países da América Latina: foi criada pelo alto, para atender aos interesses de uma burguesia nacional e, sobretudo, estrangeira. Não é casual que ela adota um formato elitista e serve para constituir o que Netto (1990) denomina *mandarinato acadêmico*" (Guerra, 2011, p. 129, grifo do original).

Simultaneamente a tal aspecto – da reforma universitária –, outro se colocou para a construção do projeto ético-político. No ano de 1982, capitaneada pela antiga Associação Brasileira de Ensino de Serviço Social[8], inicia-se a reforma curricular, possibilitando amplas discussões, com o objetivo de buscar a formação de assistentes sociais com determinado perfil. A reforma curricular possibilitou, ainda, não apenas redimensionar o ensino, mas ampliar novas áreas e campos de intervenção.

Além da reforma universitária e da reforma curricular, outro fator pode ser interpretado como produto dos processos anteriores. Apesar de o Código de Ética de 1986 caracterizar um avanço, um marco histórico do Serviço Social no rompimento com o conservadorismo e sua ênfase na dimensão política, a vanguarda profissional evidencia a pouca clareza sobre as dimensões éticas e profissionais do Código. Segundo Netto (1999), nessa quadra histórica, o debate sobre ética no Serviço Social não era um assunto privilegiado e poucas eram as produções científicas sobre o tema. Destarte, é nesse curso, dos anos 1980 até os dias atuais, que se faz a estrutura básica do projeto ético-político do Serviço Social no Brasil.

Esse projeto apresenta em seu núcleo como valor central "o reconhecimento da *liberdade* [...] concebida historicamente, como possibilidade de escolha entre alternativas concretas; daí um compromisso com a autonomia, a emancipação e a plena expansão dos indivíduos sociais" (Netto, 1999, p. 15, grifo do original).

Assim, compreendemos que o supracitado projeto está alinhado a um projeto societário, na perspectiva de outra ordem social, embasado na defesa intransigente dos direitos humanos e no repúdio ao arbítrio e aos preconceitos, considerando, na sociedade e no exercício profissional, a questão do pluralismo.

---

8 "Recorde-se que a Associação Brasileira de Ensino de Serviço Social (ABESS), e seu organismo acadêmico, o Centro de Documentação e Pesquisa em Políticas Sociais e Serviço Social/CEDEPSS, criado em 1987, tiveram seu formato institucional redimensionado em 1998, surgindo então a Associação Brasileira de Ensino e Pesquisa em Serviço Social (ABEPSS)" (Netto, 1999, p. 13).

> A dimensão política do projeto é claramente enunciada: ele se posiciona a favor da *equidade* e da *justiça social*, na perspectiva da *universalização* do acesso a bens e a serviços relativos às políticas e programas sociais; a *ampliação* e a *consolidação da cidadania* são explicitamente postas como garantia dos *direitos civis, políticos e sociais das classes trabalhadoras*. Correspondentemente, o projeto se declara radicalmente *democrático* – considerada a *democratização* como *socialização da participação política* e *socialização da riqueza socialmente produzida*. (Netto, 1999, p. 16, grifo do original)

Com relação ao exercício profissional, o projeto demanda o compromisso com a competência instaurada por uma formação acadêmica qualificada, com matrizes teórico-metodológicas críticas que possibilitem uma sólida leitura e interpretação da realidade, além de um aperfeiçoamento intelectual contínuo pelo profissional. Segundo Martinelli (2013, p. 148):

> Análise de conjuntura é uma leitura crítica da realidade, uma leitura especial e profunda da mesma, que se faz sempre em função de uma finalidade. É sempre uma ação intencional e complexa, de natureza eminentemente política, através da qual procura-se desvendar o real, penetrando nas suas tramas constitutivas, de forma a identificar a relação de forças que aí se processa e o fundamento crítico dessa relação.

Nesse sentido, iniciativas investigativas devem ser constantes, fundamentando o exercício e ampliando os horizontes da atuação do assistente social.

Tal orientação propiciará aos profissionais uma relação comprometida com a qualidade dos serviços prestados a seus usuários, incluindo a publicidade dos recursos institucionais oferecidos, como estratégias indispensáveis para a democratização, a universalização, o acesso e o fortalecimento da participação dos usuários nesse contexto.

Por consequência, o projeto enfatiza que o desempenho ético-político dos profissionais somente se concretizará se a categoria se articular com outros segmentos sociais e outras profissões que compartilham de iniciativas, ações semelhantes e, notadamente, se solidarizam com a luta da classe trabalhadora (Netto, 1999).

Síntese

Discutir sobre ética pressupõe conhecermos o que são códigos de ética e quem os elabora.

Normalmente, um código de ética tem como função principal a definição dos princípios que o fundamentam, como a liberdade, a paz, a plenitude, entre outros. Os princípios se articulam em dois eixos de normas: os direitos – se apresenta com a incumbência de definir o perfil de grupo social – e deveres – esforço individual, de cada pessoa, na busca por se tornar um ser humano melhor. A produção de um código de ética deve, necessariamente, envolver todos, de forma democrática, para que participem, por meio de consensos progressivos, e seu resultado seja reconhecido como representativo de todas as disposições morais e éticas do grupo.

Diferentemente dos princípios, que se apresentam e se aplicam como verdades profundas, fundamentais, os valores se apresentam como práticas e hábitos, sendo subjetivos e contestáveis, ou seja, o que tem valor para uma pessoa, não necessariamente tem para outra. No entanto, é preciso compreender que os valores se constituem em normas e/ou padrões sociais, quase sempre aceitos ou mantidos por determinadas pessoas, classes sociais e sociedade. Nesse sentido, os valores estão presentes no âmbito cultural.

No âmbito organizacional, seja privado ou público, a ética se traduz em condição essencial para uma atuação responsável e competente. Os profissionais são sujeitos éticos, orientados por sua categoria profissional – cada profissão regulamentada tem seu código de ética. A ética profissional não se dissocia do contexto sociocultural e do debate filosófico. Ao contrário, a ética profissional mantém uma profunda relação com a ética social e, portanto, com os projetos sociais.

Com estruturas dinâmicas, os projetos profissionais respondem às alterações no sistema de necessidades sociais sobre o qual a profissão se desenvolve – as transformações econômicas, históricas e culturais, a atualização teórica e prática da própria profissão e as mudanças na composição social do corpo profissional. Por tudo isso, os projetos profissionais igualmente se renovam e se modificam em um devir histórico.

Um código de ética deve expressar obrigações éticas para a convivência humana, na perspectiva de superar o que temos, realizamos e somos, na busca incansável daquilo que poderemos ter, realizar e ser.

Questões para revisão

1. Projetos societários são projetos coletivos; nesse sentido, qual é sua característica peculiar?

2. Em que processo se criam as raízes do atual projeto ético-político profissional?

3. O atual projeto ético-político de Serviço Social tem como fundamentação a teoria social de qual pensador?
   a) Karl Marx.
   b) Friedrich Engels.
   c) György Lukács.
   d) Antonio Gramsci.

4. O pluralismo profissional supõe qual condição, entre seus integrantes, como um acordo sobre determinados aspectos para definição do projeto ético-político?
   a) Alienação.
   b) Alinhamento.
   c) Pacto.
   d) Divergência.

5. A atuação ética no âmbito profissional pressupõe duas condições: uma delas é uma atuação responsável; qual é outra condição?
   a) De respeito.
   b) De autonomia.
   c) De competência.
   d) De pacto social.

Questões para reflexão

1. Reflita sobre a seguinte questão: o quanto a ética possibilita tornarmos a sociedade equânime?
2. Estabeleça um paralelo entre as transformações éticas e o desenvolvimento societário.

Para saber mais

O LADO negro do chocolate. Documentário. Disponível em: <https://www.youtube.com/watch?v=zESgFuJ_wy8>. Acesso em: 3 maio 2018.

O lado negro do chocolate é um documentário sobre a condição ética de organizações empresariais, recorrendo a trabalho escravo de crianças e adolescentes entre 11 e 16 anos, em países da África, onde são mantidas isoladas em plantações de cacau e expostas a turnos de 80 a 100 horas por semana. Trata-se de uma condição extrema de violação dos seus direitos humanos fundamentais, lacerando os princípios de um código de ética pautado nos direitos e nos deveres.

EXPERIMENTAÇÃO animal: ainda necessária? Disponível em: <https://www.youtube.com/watch?v=p9AkL2SS_Xk&t=494s>. Acesso em: 26 abr. 2018.

O documentário expõe a utilização de animais para pesquisa, relatando a necessidade desses seres para testes laboratoriais e, consequentemente, para produtos para a saúde humana. Lemos nos conteúdos deste capítulo o quanto a ética contemporânea se preocupa com o respeito aos animais e com a excessiva degradação de recursos naturais, a qual implica grandes ameaças à sobrevivência humana. Portanto, podemos concluir que a ética sustentável tem como pilar o respeito aos animais e à natureza, o equilíbrio da produção capitalista com a saúde ambiental, de forma a garantir a vida terrestre.

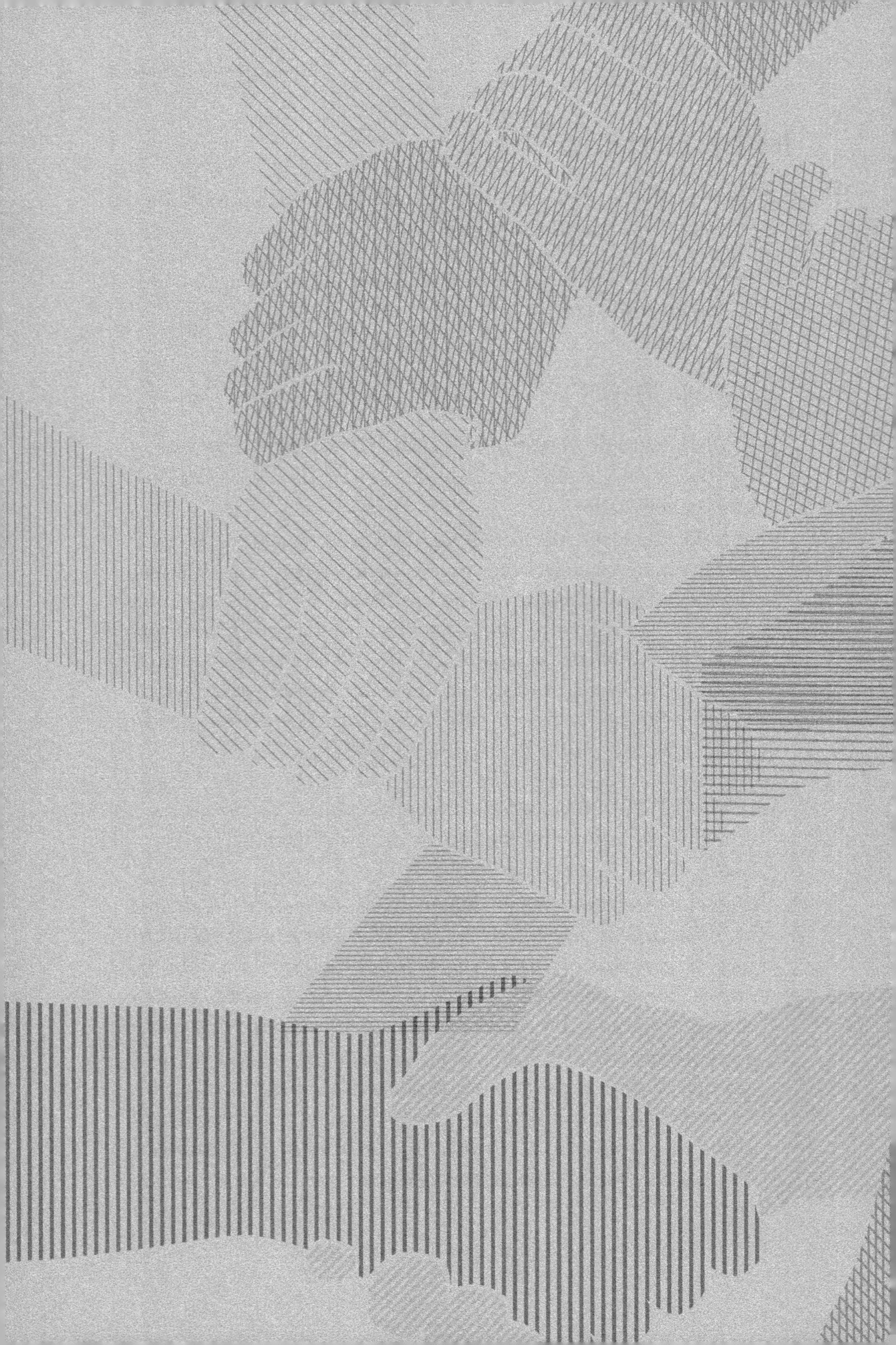

CAPÍTULO 3

Ética e Serviço Social

Conteúdos do capítulo:

- Fundamentos teóricos e filosóficos da ética no Serviço Social em uma perspectiva histórica.
- Códigos de ética dos assistentes sociais brasileiros, desde o primeiro, em 1947, até o atual, de 1993.

Após o estudo deste capítulo, você será capaz de:

1. assimilar e interpretar os contextos sociais, políticos e culturais em que foram engendrados os códigos de ética pelos assistentes sociais;
2. interpretar e analisar os códigos de ética – desde o de 1947, passando pelo de 1965, de 1975, de 1986 e, por fim, pelo de 1993 – que nortearam o exercício do profissional, independentemente da ambiência de atuação.

> *Ético significa, portanto, tudo aquilo que ajuda a tornar melhor o ambiente para que seja uma moradia saudável: materialmente sustentável, psicologicamente integrada e espiritualmente fecunda.*
>
> Leonardo Boff, 1997

Sendo uma profissão inserida no contexto social, econômico, político e cultural, o Serviço Social atua, entre limites e possibilidades, por meio de processos de intervenção em uma realidade marcada por fluxos de força e, nesse fazer, a consciência ética se traduz em um componente indispensável para o exercício profissional, alterando a realidade e a história da profissão.

A origem da profissão ampara-se nos ideais de filosofias humanitárias, religiosas e democráticas. Essa atividade visa promover o potencial humano e emitir respostas às necessidades humanas, provenientes das interações estabelecidas entre pessoas e a sociedade.

O profissional deve, constantemente, fazer uso do conhecimento sobre o comportamento humano e social e desenvolver recursos para o atendimento das necessidades e aspirações tanto das pessoas como de grupos e da sociedade, no sentido de contribuir para a equidade social (APSS, 1994).

Os códigos de ética expressam um conjunto de normas, valores e princípios, reflexos de contextos históricos e sociais, políticos e econômicos, bem como uma visão de homem e de mundo, oferecendo uma direção social à profissão e aos assistentes sociais.

Suas diretrizes se apresentam de forma transversal no processo de objetivação[1] do trabalho, na relação com a população usuária, nas instituições e entre a própria categoria profissional.

---

1 De acordo com o Dicionário online de português (Objetivação, 2017), o significado do termo objetivação é: "ação de objetivar, de tornar algo abstrato em objetivo ou concreto. [Filosofia] Pensamento dialético. Processo através do qual a subjetividade, ou o espírito, é transferida para objeto dos exteriores à própria consciência, compondo a realidade exterior. [Filosofia] Marxismo. Processo em que o trabalho humano que, sendo capaz de alterar a natureza exterior, se materializa em objetos".

3.1 Código de Ética Profissional dos Assistentes Sociais de 1947

Conforme Camarano (2002) e o Panorama das Décadas, Câmara dos Deputados, na década de 1940, houve um aumento de 26% na população brasileira, passando de 41,2 milhões para 51,9 milhões de pessoas – a população urbana cresceu 46%, e a rural, 17%. No entanto, mesmo com o aumento populacional urbano sendo maior, o país, nessa década, era predominantemente rural, com 33,2 milhões de pessoas (64% do total) vivendo na zona do campo.

Apesar de, em 1937, o Presidente Getúlio Vargas dissolver o Congresso e as Assembleias Legislativas Estaduais, fechando os partidos políticos e perseguindo seus opositores, foi outorgada, nesse mesmo ano, em 10 de novembro, uma nova Constituição, instituindo o Estado Novo. É importante considerar que tal Carta Magna originou vários acontecimentos na história política do Brasil, com consequências até os dias atuais.

Apesar de ter sido um governo ditatorial, o presidente governava o país com o apoio de amplos setores da sociedade, como os militares, a classe trabalhadora, mantendo, inclusive, os sindicatos vinculados ao Estado. Entretanto, com a tendência de redemocratização que invadiu o mundo no final da Segunda Guerra Mundial, o Estado Novo tornou-se politicamente insustentável e o Presidente Vargas foi deposto pelos chefes das Forças Armadas em 29 de outubro de 1945, assumindo, interinamente, o presidente do Supremo Tribunal Federal José Linhares (Machado, 1980).

Com a queda, o governo interino convocou eleição presidencial e realizou eleições para a Assembleia Nacional Constituinte, cujos membros eleitos elaboraram uma nova Constituição, substituindo a Carta Magna de 1937 e que passou a vigorar a partir de setembro de 1946.

Durante a Segunda Guerra Mundial e os primeiros anos do pós-Guerra, o crescimento econômico nacional foi favorecido.

[Há uma] redução das importações imposta pelo conflito, cresce a industrialização e a produção agrícola diversifica-se. Entre as indústrias de base que são instaladas, estão a Fábrica Nacional de Motores e a Companhia Siderúrgica Nacional. Também são tomadas importantes iniciativas nas áreas de transporte e energia, com a abertura de estradas, ampliação de portos e construção de usinas hidrelétricas. (Câmara dos Deputados, 2018)

No campo do trabalho, houve ampliação e sistematização da legislação trabalhista, a "instituição do salário mínimo e do imposto sindical (1940), da Justiça do Trabalho (1941) e da Consolidação das Leis do Trabalho – CLT (1943), que reúne todas as resoluções tomadas desde 1930 na área trabalhista" (Câmara dos Deputados, 2018). Junto a tais iniciativas, são criados o sistema S: Serviço Nacional de Aprendizagem Industrial (Senai), o Serviço Nacional de Aprendizagem Comercial (Senac), o Serviço Social da Indústria (Sesi) e o Serviço Social do Comércio (Sesc) para atender às necessidades sociais e à educação profissional do trabalhador (Câmara dos Deputados, 2018).

O primeiro código de ética de Serviço Social foi aprovado em 29 de setembro de 1947, pela Associação Brasileira de Assistentes Sociais, e estava direcionado às protoformas da profissão, com princípios éticos inerentes àquela quadra histórica.

Conforme Carvalho Neto (2013), nessa quadra histórica, o posicionamento político e a fundamentação teórica desse código estão em consonância com o direcionamento social dado à profissão; com princípios ético-religiosos fundamentados nos valores humanistas e neotomistas e, com influências positivas para a interpretação e exercício profissional diante das transformações sociais que emergiam naquele momento histórico.

Segundo Guedes (2001b), os primeiros assistentes apoiavam-se na metafísica para a concepção de homem e de projeto societário, compreendendo a pessoa como portadora de valores absolutos, superior a qualquer outro valor temporal. Sua existência se regulava pelas instâncias temporal e atemporal – esta regia a primeira e era considerada padrão para a existência humana e eterna.

Nesse sentido, tais concepções eram aliadas às atividades profissionais, porém, com princípios desprovidos do movimento histórico

(Guedes, 2001b; Silva, 2003). Desse modo, sugeria-se que a formação profissional do assistente social fosse pautada na doutrina católica, cujos princípios eram considerados, segundo Telles (1940a), verdadeiros, uma vez que eram imutáveis, sobretudo a doutrina

> explicitada nas encíclicas Rerum Novarum (1881) e Quadragésimo Ano (1921), [que] propunham o necessário envolvimento dos católicos com os problemas sociais advindos da questão social. Nessas propostas, ao referir-se, sobretudo, à exploração dos operários, as doutrinas explicitavam uma concepção de homem de inspiração neotomista. A partir dessa compreensão da Igreja e, também, da sugestão doutrinária com relação ao necessário retorno à filosofia de S. Tomás de Aquino (Encíclica Aerteni Patris, 1879), os primeiros assistentes sociais explicitavam uma filiação neotomista. Entendiam que o homem apresentava-se à nossa razão como composto de "corpo e alma [...] Ser social incompleto, utilizando-se da sociedade para o cumprimento de seu fim último". (Telles, 1940b, p. 4)

Segundo Guedes (2001, p. 10), para Jacques Maritain, a "sociedade, além de garantir a sobrevivência física do homem, permite-lhe atender à solicitude da alma (o fim atemporal)". Em outras palavras, a sociedade era compreendida como "meio posto ao homem para colimar livre e plenamente sua destinação" (Guedes, 2001). A sociedade é a instância na qual o homem pode completar-se e realizar-se como pessoa humana.

Embasados em tais pressupostos neotomistas, os assistentes sociais concebiam um projeto societário que atendesse às duas dimensões do homem: o corpo e a alma. Estes deveriam estar inseridos em um sistema que não fosse o liberalismo nem o comunismo, mas, conforme Telles (1940b, citado por Guedes, 2001), em uma terceira via, cuja doutrina representasse um meio-termo entre o individualismo (doutrina liberal) e o coletivismo (perspectiva socialista) e cuja condição possibilitasse o exercício vital inerente à pessoa: seu aperfeiçoamento com vistas ao fim supratemporal. Tratava-se, assim, de um modelo societário harmônico entre as classes sociais organizadas a partir do ideário do bem comum postulado pela filosofia neotomista (Guedes, 2001).

> Os primeiros assistentes sociais acreditavam que uma das maneiras possíveis para alcançar o bem comum era o retorno aos antigos modelos associativos das corporações medievais, identificados como formas de preservar o princípio natural da vida associativa necessária para que o homem, ser incompleto sem a sociedade, possa atingir seu fim último. Ao idealizar este modelo associativista, esses assistentes sociais partilhavam das críticas à sociedade moderna e voltavam-se a modelos de produção ultrapassados historicamente. (Guedes, 2001, p. 12)

As práticas do assistente social, na perspectiva neotomista de pessoa humana, eram conduzidas para duas esferas: a do indivíduo e a da sociedade.

Quanto à elevação do indivíduo à condição de pessoa, os primeiros profissionais idealizavam um processo educativo construído principalmente com base em dois atributos neotomistas do ser humano: a inteligibilidade e a liberdade (Guedes, 2001). A ação educativa deveria se inserir em um contexto considerando a razão dos que se encontram envolvidos, daí a necessária participação dos homens em atividades a eles concernentes. Para os assistentes sociais da época, "a lei do ser é a razão" (Telles, 1940a, p. 14).

Detentor de uma inteligibilidade, o homem tem qualidades para superar sua própria condição de precariedade, em termos materiais e espirituais, fortalecendo-se para sua efetivação como pessoa humana. "Sendo o homem uma pessoa humana, é um ser dotado de inteligibilidade natural, o que torna possível sua adaptação às circunstâncias postas por épocas diferentes. Assim, o homem pode responder às exigências de novas épocas e, ao mesmo tempo, cumprir a destinação cristã" (Guedes, 2001, p. 14).

Como um atributo humano, a inteligibilidade denotava a viabilidade de um projeto educativo direcionado à construção de uma nova moral, ou seja, por parte dos assistentes sociais, a questão social era interpretada como questão moral. Dessa forma, a atuação profissional se direcionava às "deficiências sociais e individuais", com vistas à construção de uma nova ordem social.

Aliado à inteligibilidade, vinculava-se outro atributo da constituição da pessoa, o da liberdade. A ação profissional deveria respeitar a liberdade do cliente.

> Esta seria [...] uma das mais sérias dificuldades do assistente social, uma vez que ele deveria usar, o mais possível de sua influência, sem faltar, entretanto, ao devido respeito à liberdade humana. Há uma tendência do ser moral e intelectualmente mais forte de impor ao mais fraco. Contra esta tendência, terá de lutar a assistente, toda vez que se encontre diante de alguém que, em virtude das circunstâncias, esteja, em relação a ele numa situação inferior ou de dependência. Acima de tudo, está a dignidade da pessoa humana, o ser livre, que deverá ser esclarecido, orientado, porém, nunca coagido. (Pereira, 1940, citado por Guedes, 2001, p. 15-16)

Posicionando-se a favor de um projeto societário construído por meio de processos reeducativos dos valores morais e obediência aos princípios cristãos, para a reconstrução da ordem social, segundo Guedes (2001), os primeiros assistentes sociais concebiam a prática profissional com uma tendência idealista, vinculada às diretrizes da Igreja Católica daquele período. No entanto, enfatizavam que tal projeto só se viabilizaria se fossem asseguradas as mínimas condições de bem-estar social.

Nessa direção, sua ação profissional incidia sobre a esfera privada – o profissional compreendia que os valores morais deveriam ser construídos apenas com base em vontades individuais; suas necessidades materiais deveriam ser amenizadas com esforços individuais –, "pautada na reeducação moral, seguido de um mínimo de bem estar [sic] ou de atividade profissional que assegurasse condições mínimas de sobrevivência, tais como: restaurantes em ambientes de trabalho, assistência a menores e algumas garantias legais para minorar as condições de trabalho" (Guedes, 2001, p. 18-19).

Concluímos, então, que os primeiros assistentes sociais, da década de 1930, compactuavam com as diretrizes doutrinárias da Igreja Católica, em específico, com a filosofia neotomista, acreditando que seu exercício profissional destoava de ações meramente filantrópicas, as quais se limitavam à assistência material. Para eles, suas ações tinham natureza técnica, porque se alicerçavam em uma doutrina que permitia aos indivíduos elevarem-se da precariedade material com vistas à realização em uma esfera atemporal (Guedes, 2001).

3.2 Código de Ética Profissional dos Assistentes Sociais de 1965

Sucintamente, o período histórico da década de 1960 é marcado por uma ditadura civil-militar (1964), por intensas e constantes repressões às manifestações sociais, com censura à cultura, com a implantação de programas internacionais e pela subordinação do Estado às entidades internacionais, como o Fundo Monetário Internacional (FMI) e o Banco Internacional para Reconstrução e Desenvolvimento (Bird).

Essa realidade, não somente brasileira, mas similar à de outros países latino-americanos, expõe o Serviço Social a um contexto em que se faz necessário um posicionamento profissional.

Nesse momento, a forma encontrada pela categoria como resposta para toda essa transformação foi a adesão ao Movimento de Reconceituação. Este era heterogêneo, pois havia posicionamentos distintos entre seus integrantes, resultando em inúmeras contradições nas esferas teórica e prática, mas com avanços perante as necessidades de mudanças endógenas e exógenas, apesar de marcado por embates ideológicos e culturais da categoria. Foi um evento de extrema importância para a profissão.[2]

Em 8 de maio de 1965, o Conselho Federal de Assistentes Sociais (CFAS) institui um outro código de ética, substituindo o de 1945.

O novo documento apresentava o mesmo viés tradicionalista e conservador, implícito à profissão, embasado nas concepções tomistas e positivistas, entretanto, apresentou um avanço importante ao discorrer sobre a democracia e o pluralismo. Mantém-se o pensamento religioso ao expressar que as condições materiais da pessoa são decorrentes de seu destino, e não das transformações societárias, ou seja, as desigualdades são resultado do destino dos

---
2 Ver, no Anexo II desta obra, o Código de Ética de 1965.

homens e não de sua exploração diante do sistema capitalista. O documento considera, ainda, que independentemente de credos e princípios filosóficos, o novo código deve ser seguido por todos os profissionais de Serviço Social.
No Capítulo II – Dos deveres fundamentais –, é dito:

> Art. 4º O assistente social no desempenho das tarefas inerentes a sua profissão deve respeitar a dignidade da pessoa humana que, por sua natureza [sic] é um ser inteligente e livre.
>
> Art. 5º No exercício de sua profissão, o assistente social tem o dever de respeitar as posições filosóficas, políticas e religiosas daqueles a quem se destina sua atividade, prestando-lhes os serviços que lhe são devidos, tendo-se em vista o princípio de autodeterminação. (CFAS, 1965)

Evidencia-se o compromisso do profissional com a dignidade da pessoa humana, na mesma perspectiva que o código anterior, ou seja, da inteligibilidade e da liberdade e do respeito à diversidade de credo, às posições filosóficas e políticas pleiteadas aos clientes atendidos pelo assistente social.
Nesse mesmo capítulo, podemos encontrar:

> Art. 6º O assistente social deve zelar pela família, grupo natural para o desenvolvimento da pessoa humana e base essencial da sociedade, defendendo a prioridade dos seus direitos e encorajando as medidas que favoreçam a sua estabilidade e integridade.
>
> Art. 7º Ao assistente social cumpre contribuir para o bem comum, esforçando-se para que o maior número de criaturas humanas dele se beneficie, capacitando indivíduos, grupos e comunidades para sua melhor integração social.
>
> Art. 8º O assistente social deve colaborar com os poderes públicos na preservação do bem comum e dos direitos individuais, dentro dos princípios democráticos, lutando inclusive para o estabelecimento de uma ordem social justa.
>
> Art. 9º O assistente social estimulará a participação individual, grupal e comunitária no processo de desenvolvimento, propugnando pela correção dos desníveis sociais. (CFAS, 1965)

Destaca-se a intervenção do assistente social, contribuindo para o bem comum da sociedade por meio de princípios democráticos – o que destoa da conjuntura existente da época, anos iniciais da ditadura civil-militar, e da própria reeducação moral. Nota-se em específico no art. 9º a forte influência positivista na concepção de sociedade, ao considerar que o exercício profissional colaboraria com o estabelecimento de determinada ordem social, incluindo aí as manifestações sociais postas nesse cenário político; não considerando a divisão de classes sociais como desníveis sociais engendrados pelas condições antagônicas, contraditórias não considerando a sociedade sob a égide do sistema capitalista – em outros termos, a sociedade dividida por classes sociais: a burguesia, que detêm os meios de produção e o lucro, e o proletariado, que vende sua força de trabalho. Assim, a divisão de classes sociais apresenta-se como desníveis sociais engendrados pelas condições antagônicas, contraditórias, e provenientes da forma de ser de cada classe.

Segundo Barroco (2006), o Código de Ética de 1965 não discute criticamente as contradições sociais, sendo tal condição consequência da permanência do tradicionalismo, da perspectiva "despolitizante e acrítica em face das relações sociais que dão suporte a prática profissional" (Barroco, 2006, p. 126).

No Capítulo IV – Dos deveres para com as pessoas, grupos e comunidades atingidos pelo Serviço Social –, evidencia-se:

> Art. 19º – O assistente social em seu trabalho junto aos clientes, grupos e comunidades, deve ter o sentido de justiça, empregando o máximo de seus conhecimentos e o melhor de sua capacidade profissional, para a solução dos vários problemas sociais. (CFAS, 1965)

É interessante destacarmos que os profissionais atuavam em programas de caso, grupo e comunidade adotados pelos Estados Unidos, como deveres, segregando o trabalho profissional e reproduzindo uma técnica criada por outro contexto social.

Outros aspectos importantes defendidos pelo Código de Ética de 1965 foram:

- A necessidade de contínuo aperfeiçoamento para consolidação e ampliação do conhecimento profissional, bem como o respeito às normas éticas relacionadas nas interações estabelecidas com outras profissões.
- A obrigatoriedade do sigilo profissional como condição de segredo profissional, ou seja, a necessidade de manter segredo sobre os relatos emitidos pelos clientes. Isso somente não se aplicaria "para evitar um dano grave, injusto e atual ao próprio cliente, ao assistente social, a terceiros e ao bem comum" (CFAS, 1965, art. 15°, § 1°).
- Apesar de o assistente social situar-se na condição de profissional liberal, o Capítulo V relata a subordinação e os deveres para com seus empregadores, expondo a exigência à lealdade, à imagem da instituição que o emprega, ao zelo pela eficiência e pela produtividade. A subordinação, segundo Ortiz (2010, p. 148), está na "suposta ausência de especificidade claramente posta no exercício da profissão como um aspecto subalternizante, que retira do profissional os argumentos técnicos e políticos para conduzir por si suas atividades e ações". Em outras palavras, a pressuposta *ausência da especificidade*" (grifo nosso) profissional relaciona-se à capacidade dos assistentes sociais de relatar o que é o Serviço Social e, se questionados, a resposta deve vincular-se sempre a seu agir: suas demandas e suas objetivações são plasmadas nas intervenções e toda a subjetividade, a consciência do profissional, é substituída e/ou suprimida pelo resultado concreto da ação (Guerra, 1995, citado por Ortiz, 2010).

Concluímos que, apesar de esse código participar da reprodução da modernização conservadora[3], introduzindo valores liberais, traz consigo, também, traços para a renovação profissional, possibilitando à categoria alçar outros patamares para a condução do exercício profissional.

3.3 Código de Ética Profissional dos Assistentes Sociais de 1975

Segundo Carvalho Neto (2013), as décadas de 1960 e 1970 registraram significativas manifestações, em uma conjuntura marcada pelas seguintes questões: um Estado ditatorial, estruturado com base em uma articulação político-militar, que inibia as possibilidades democráticas de um Estado de direito, e a organização da população em grupos, promovendo manifestações sociais como cenário para as vozes reprimidas diante da coerção, da censura e de outras faces da violência.

O Estado aparece como interventor coercivo, buscando organizar a sociedade. Para tanto, utiliza todos as passagens necessárias, inclusive as das profissões. Nesse contexto, o Serviço Social não fica imune.

---

[3] A perspectiva modernizadora constitui a primeira – sob todos os aspectos – expressão do processo de renovação do Serviço Social no Brasil. Os Documentos de Araxá e de Teresópolis, registros dos dois encontros profissionais, têm características e ênfases diferenciadas, mas podem ser tomados como a consolidação modelar da tentativa de adequar as (auto) representações profissionais do Serviço Social às tendências sociopolíticas que a ditadura tornou dominantes e que não eram objeto de questionamento substantivo pelos assistentes sociais responsáveis pela elaboração de tais documentos. Seguramente, a perspectiva modernizadora não se esgota, naturalmente, nas concepções e proposições consagradas desses dois documentos, mas, antes, encontra impostações diversificadas em inúmeros trabalhos de profissionais e docentes, cujas reflexões se desenvolveram entre a segunda metade dos anos 1960 e o final da década seguinte (Netto, 2005).

"Exigências do bem comum legitimam, com efeito, a ação disciplinadora do Estado, conferindo-lhe o direito de dispor sobre as atividades profissionais – formas de vinculação do homem à ordem social, expressões concretas de participação efetiva na vida da sociedade" (CFAS, 1975).

Com forte poder de intervenção, o Estado reprime qualquer forma de manifestação social, podendo ser constituída por grupos políticos, vertentes culturais, por segmento e/ou categorias, pois estas não apenas representavam a degradação da sociedade e da moral, mas colocavam em xeque a ordem estabelecida. Um dos instrumentos para conter tais manifestações e manter a estrutura de domínio do Estado foram os Atos Institucionais, leis desenvolvidas como normas a serem seguidas e cumpridas por todos à risca.

Com outras perspectivas, a profissão ensaiou diferentes percursos teóricos e práticos na articulação com as exigências apresentadas na cotidianidade, repleta de contradições. Nessa quadra histórica, os profissionais elaboraram um novo Código de Ética para o Serviço Social, o de 1975.[4]

O Serviço Social se aproximava de outras correntes teóricas, postas pelo âmbito acadêmico e por programas de intervenção, como foi o Método de BH e o Desenvolvimento de Comunidade. Tais correntes são a fenomenológica, a estruturalista, o marxismo e as teorias sistêmicas.

Em específico, a fenomenologia se apresenta como uma alternativa de intervenção, por meio de uma metodologia fundamentada na psicologização do exercício profissional. Nessa perspectiva, o assistente social tem como dever "esclarecer o cliente quanto ao diagnóstico, prognóstico, plano e objetivos do tratamento, prestando à família ou aos responsáveis os esclarecimentos que se fizerem necessários" (CFAS, 1975, art. 5º, II, "b"). Barroco (2006, p. 139) acredita que tal proposta acarretaria conotações ético-políticas,

---

4   Ver, no Anexo III desta obra, o Código de Ética de 1975.

ao abstrair os usuários de sua sociabilidade e das determinações históricas que são [sic] concretude à sua existência social e ao abordar aos seus problemas a partir das representações dos profissionais, [permitido] que a intervenção seja subordinada aos juízos de valor do profissional, que julga e encaminha a solução dos problemas segundo avaliações subjetivas e abstratas.

Evidenciam-se também, nesse código, pequenos avanços no debate em prol de uma possível teorização da profissão, intrinsecamente articulada com as Ciências Sociais e com outras práticas profissionais, bem como a busca por respostas diante da ação profissional, embasada em uma fundamentação teórica. Essa linha de ação propiciou, ainda, que, em 1982, se desencadeasse a aprovação do currículo mínimo para os cursos de Serviço Social, a revisão desse código de ética em 1986 e a elaboração de documentos que expressassem a materialização do acúmulo teórico da categoria na perspectiva da consciência política perante a realidade brasileira.

Detentora de uma interpretação de homem e mundo, bem como da apreensão da realidade social, muito diversificada, "parte da categoria buscava o retrocesso em práticas conservadoras, retomando pressupostos éticos e morais numa base tradicionalista; outra parte amadurecia o debate da Teoria Crítica, não apenas no campo acadêmico, mas também no exercício profissional" (Carvalho Neto, 2013, p. 97).

O Código de Ética de 1975, aprovado em 30 de janeiro, apresenta-se como um retrocesso para a categoria, inicialmente, pela supressão de dois importantes princípios, dados pelo Código de 1965, que são o da democracia e o do pluralismo. Segundo Netto (2005), seu conteúdo denota a reatualização do conservadorismo e, para Barroco (2006), os assistentes sociais não realizam um questionamento político diante da ditadura, nem mesmo problematizam as diferenças e as desigualdades sociais engendradas pela sociedade capitalista.

Apesar dos antagonismos postos por esse código, é importante enfatizarmos que parte da categoria profissional aspirava a mudanças estruturais na sociedade. Porém, para que essa aspiração fosse atendida, seria necessário outro engajamento ético-político, teórico-metodológico e técnico-operativo que satisfizesse às demandas da profissão e, ao mesmo tempo, considerasse a questão social como eixo constituinte da desigualdade socioeconômica e da divisão de classes sociais (Carvalho Neto, 2013).

3.4 Código de Ética Profissional dos Assistentes Sociais de 1986

Com a morte do presidente eleito indiretamente Tancredo Neves, quem assumiu a presidência foi seu vice, José Sarney (PMDB). Com o objetivo de ganhar a confiança dos setores democráticos, restabeleceu eleições diretas para presidente da República, estendeu o direito de voto aos analfabetos e prometeu uma nova constituição federal. Seu lema era "tudo pelo social". Os partidos políticos foram legalizados, inclusive os comunistas e os socialistas.
Economicamente, o país passava por um momento delicado. A inflação chega a 18% ao mês, 237% ao ano, corroendo os salários e gerando insatisfação social[5]. Na tentativa de controlar a economia, Sarney lançou o Plano Cruzado, substituindo a moeda Cruzeiro pelo Cruzado. Além disso, os preços foram congelados e os salários reajustados pela média dos seis meses anteriores. No primeiro momento, o plano surtiu efeito, a inflação caiu e a popularidade do governo cresceu. No entanto, com o aumento do consumo, começou a faltar mercadorias nos supermercados. Alguns empresários passaram a esconder produtos para forçar o aumento dos preços e cobrar ágio, valores acima da tabela estabelecida pelo governo. Alheio a isso, o governo manteve o congelamento de preços. Graças a essas medidas, o PMDB elegeu a

---

5 Sobre economia e inflação no governo Sarney (1985-1990), sugerimos: MACARINI, J. P. **A política econômica do Governo Sarney: os Planos Cruzado (1986) e Bresser (1987)**. Texto para Discussão n. 157. Campinas, SP: IE/UNICAMP, mar. 2009.

maioria dos governadores, senadores e deputados. Após as eleições, Sarney faz reajustes na água, na luz, no gás, na gasolina e em outros produtos. A população se sentiu enganada. A inflação disparou de forma incontrolável. O governo lançou outros três planos econômicos sem obter resultados. A inflação atingiu o índice de 1.765% ao ano em 1989.

Entre 1987 e 1988, foi elaborada a nova Constituição Federal. Durante o processo, uma dissidência do PMDB fundou o Partido da Social Democracia Brasileira (PSDB). A Constituição de 1988 é considerada uma "Constituição Cidadã", por garantir direitos a todas as classes sociais e ter amplo teor democrático. Em 1989, ocorreram as primeiras eleições diretas para presidente da República desde 1960, pelas quais foi eleito Fernando Collor, do Partido da Reconstrução Nacional (PRN). Em um contexto de profundas transformações sociais que marcaram o processo de democratização do país, o Serviço Social apresentou seu novo código de ética, promulgado em 9 de maio de 1986 (Resolução CFAS n. 195/1986)[6].

Trata-se de um momento histórico que exigiu a revisão do código de ética e abriu a possibilidade de elucidar outro projeto profissional, que evidenciasse o compromisso ético-político, a direção social da profissão e o rompimento com os vieses tradicionalistas e conservadores.

Houve um amadurecimento teórico e uma profissionalização no posicionamento ideológico e político, posto nas articulações engendradas com as entidades representativas da própria categoria e com a classe trabalhadora.

> O ponto axial da legitimação do referido código está no compromisso profissional com a classe trabalhadora, ao assumir sua condição como classe trabalhadora que se entrelaça e vive as refrações sociais provocadas pelo capitalismo. Este debate profícuo é legado da inserção profissional nas instituições e arenas políticas, na formação da consciência política. (Carvalho Neto, 2013, p. 98)

---

6 Ver, no Anexo IV desta obra, o Código de Ética de 1986.

O código em análise enfatiza um pacto da categoria profissional com a classe trabalhadora, refletindo um posicionamento dantes nunca acertado. De acordo com Carvalho Neto (2013, p. 100), "é a expressão de uma nova atitude profissional frente à realidade e a população brasileira, reconhecendo no trabalho profissional a possibilidade de articular coletivamente com outras categorias na direção social de uma mudança sociopolítica na sociedade".
Tal condição se explicita no art. 2º desse código, na parte em que se relatam os direitos dos assistentes sociais:

> Art. 2° [...]
>
> c. Livre acesso aos usuários de seus serviços;
>
> d. Participação na elaboração das Políticas Sociais e na formulação de programas sociais;
>
> [...]
>
> h. Acesso às oportunidades de aprimoramento profissional;
>
> i. Participação em manifestações de defesa dos direitos da categoria e dos interesses da classe trabalhadora (CFAS, 1986)

Em seu art. 9º, sobre as relações com a instituição empregadora, o código destaca:

> O assistente social no exercício de sua profissão em entidade pública ou privada terá a garantia de condições adequadas de trabalho, o respeito a sua autonomia profissional e dos princípios éticos estabelecidos. (CFAS, 1986)

Tal condição retrata a ruptura com as práticas segmentadas, admitindo a capacidade dos profissionais de participar da elaboração e da implementação de políticas sociais, não sendo considerados meros executores terminais (Netto, 2001).

Por meio do código de 1986, a profissão se tornou (relativamente) cônscia das transformações societárias, despertando uma consciência ético-política crítica pelas manifestações da população, pelo acirramento das expressões da questão social e pelo desmantelamento das políticas públicas.

Assim, contrariamente ao que colocava o Código de Ética de 1975, com o de 1986, os profissionais passam a ter o direito de participar das manifestações da categoria. Tais aspectos são de grande importância para compreensão da profissão:

- pela conjuntura histórica da época;
- pelo retorno à democracia (relativa);
- pela articulação política;
- pelo reconhecimento da autonomia (relativa); e
- pelo aprimoramento intelectual, sendo este nomeado como um dos deveres do assistente social – "aprimorar de forma contínua os seus conhecimentos, colocando-os a serviço do fortalecimento dos interesses da classe trabalhadora" (CFAS, 1986, art. 3º, "d").

Nessa transição política que marcou as décadas de 1980 e 1990, apresenta-se o neoliberalismo. Podemos definir *neoliberalismo* da seguinte forma:

> O neoliberalismo é um conjunto de ideias políticas e econômicas que defende a participação mínima do Estado na economia. Deve haver liberdade de comércio, para garantir o crescimento econômico e o desenvolvimento social de um país. Os autores neoliberalistas afirmam que o estado é o principal responsável por anomalias no funcionamento do mercado livre, porque o seu grande tamanho e atividade constrangem os agentes econômicos privados.
>
> O neoliberalismo defende a pouca intervenção do governo no mercado de trabalho, a política de privatização de empresas estatais, a livre circulação de capitais internacionais e ênfase na globalização, a abertura da economia para a entrada de multinacionais, a adoção de medidas contra o protecionismo econômico, a diminuição dos impostos e tributos excessivos etc. Esta teoria econômica propunha a utilização da implementação de políticas de oferta para aumentar a produtividade. Também indicavam uma forma essencial para melhorar a economia local e global era [sic] reduzir os preços e os salários. (Neoliberalismo, 2017)

A partir do governo Collor, o Brasil, por meio da reabertura econômica, adotou uma economia neoliberal. O então presidente flexibilizou taxas aos produtos importados permitindo a entrada de produtos estrangeiros no mercado brasileiro. Isso acarretou uma livre-concorrência, determinando um equilíbrio na economia nacional.

No governo de Fernando Henrique Cardoso – FHC (1995-2002), os setores de telecomunicações, energia e transporte foram privatizados, para que a livre-concorrência e o capital externo pudessem manter a economia estável. Mantiveram-se os juros altos para atrair capital estrangeiro para o país.

No governo de Luís Inácio Lula da Silva (2003-2010), não foi muito diferente. Renovaram-se contratos com o Fundo Monetário Internacional (FMI), houve intervenção no mercado financeiro para baixa do Dólar, diminuíram-se os juros e o índice de *superavit* primário estabelecido por Fernando Henrique Cardoso foi aceito.

3.5 Código de Ética Profissional dos Assistentes Sociais de 1993

Em 1989, ocorreram as primeiras eleições diretas para presidente da República, interditadas por quase 30 anos. Fernando Collor de Mello (PRN) foi eleito com mais de 35 milhões de votos. Em sua campanha, prometeu combater a inflação, proteger os excluídos ("descamisados"), acabar com os "marajás" (funcionários públicos federais com altos salários) e modernizar a economia do país. Em 1990, quando assumiu, havia herdado dos governos anteriores uma inflação superior a 80% ao mês[7]. Na tentativa de resolver

---

7   Sobre os aspectos econômicos e inflacionais deste período, sugerimos: A perplexidade do brasileiro diante do confisco das contas bancárias e poupanças. **Rádio Câmara**, 23 jul. 2006. Câmara é História. Disponível em: <http://www2. camara.leg.br/camaranoticias/radio/materias/CAMARA-E-HISTORIA/337366--A-PERPLEXIDADE-DO-BRASILEIRO-DIANTE-DO-CONFISCO-DAS-CONTAS-BANCARIAS-E-POUPANCAS-(05-44).html>. Acesso em: 26 abr. 2018.

o problema, lançou o "Plano Collor": determinou o bloqueio de todo valor superior a 50 mil Cruzados Novos, seja de pessoa física, seja de pessoa jurídica; congelou preços e salários e elevou os juros na tentativa de conter o consumo. Ao mesmo tempo, eliminou taxas alfandegárias sobre vários produtos importados. As medidas tomadas frearam o consumo, porém geraram falências de empresas, redução de salários e desemprego.

Em 1992, foi descoberto um escândalo conhecido como "esquema PC". Paulo César Farias (PC), amigo de Collor e responsável por sua campanha, recebia dinheiro de empresários em troca de favorecimentos. Esse dinheiro era usado pelo presidente e seus familiares. Diante das denúncias, criou-se uma Comissão Parlamentar de Inquérito (CPI) que solicitou o *impeachment* do dirigente do país. A população foi às ruas, principalmente os jovens, conhecidos como "caras-pintadas", contra a corrupção. Pressionado e se vendo derrotado no Senado, Collor renunciou, mas mesmo assim perdeu seus direitos políticos.

Com a renúncia do Collor, seu vice, Itamar Franco, assumiu a presidência no fim de 1992. O Brasil passou por uma grave crise financeira; a inflação chegou a 1.100%, em 1992, e alcançou 2.708,55% no ano seguinte[8]. Em 1994, Itamar convidou Fernando Henrique Cardoso para o Ministério da Fazenda. FHC elaborou o Plano Real, que conteve a inflação em 5% ao mês[9]. Os salários recuperaram o poder de compra e a venda de bens de consumo cresceu. No fim daquele ano, FHC se lançou candidato à Presidência e, contando com o sucesso do Plano Real e com a ajuda de empresários e da mídia, venceu as eleições.

Para manter o Real estável, o então presidente aumentou os juros e privatizou alguns segmentos estatais: petróleo e telecomunicações, por exemplo. Além disso, conseguiu que o Congresso aprovasse possibilidade de reeleição. No segundo mandato de FHC, o Plano

---

8   Conforme ALVES, C. Jornais apoiaram o impeachment de Dilma? **Revista Panorama**, v. 6, n. 1, jan./jul., 2016. Disponível em: <seer.pucgoias.edu.br/index.php/panorama/article/download/4862/2721>. Acesso em: 2 maio 2018.

9   Ver SANTOS, R. dos. **O reino da ilusão no banco dos réus**. Porto Alegre: Revolução eBook, 2017. (Coleção As alegres comadres do Brasil. v. 3)

Real sofreu ajustes para manter a inflação controlada. Entretanto, uma crise no exterior fez com que o capital estrangeiro saísse do Brasil. O governo manteve os juros altos para atrair os investidores, com isso, o Dólar subiu e o Real se desvalorizou, o que incentivou as exportações em detrimento das importações. Com os juros altos, os empresários passaram a demitir funcionários. A insatisfação popular aumentou.

Em 2002, após três derrotas, Luiz Inácio Lula da Silva (PT) venceu as eleições presidenciais. Pela primeira vez, um líder operário chegava à Presidência. Com grande apoio popular, criou ministérios e programas para combater a fome e as desigualdades sociais. Instituiu o programa Fome Zero, que visava garantir uma alimentação adequada a todos os brasileiros, e o Bolsa Família. Além disso, encaminhou reformas importantes na previdência e no Judiciário. Adotando uma política sustentável, o então dirigente do país reforçou acordos com o FMI, baixou taxas de juros e interveio no mercado, ocasionando a baixa do Dólar. O setor industrial se aqueceu, o PIB chegou a 5,2% no ano 2004[10], sendo o melhor daquela década.

A partir de 2005, surgiram denúncias de corrupção de políticos ligados ao partido do presidente (Partido dos Trabalhadores – PT), no caso conhecido como *mensalão*. Foram abertas muitas CPIs e vários mandatos foram cassados. Muitos membros do PT deixaram o partido, alegando que o governo adotou uma política neoliberal. Mesmo assim, Lula foi reeleito. Em seu segundo mandato, manteve seus programas de distribuição de renda, apoio à educação e ao aprimoramento profissional e lançou o Programa de Aceleração do Crescimento (PAC) para incentivar o crescimento econômico. Deixou o governo com aprovação recorde por parte

---

10 PIB ACUMULOU crescimento de 5,2% em 2004, a maior taxa desde 1994. **Agência IBGE Notícias**, 1º mar. 2005. Disponível em: <https://agenciadenoticias.ibge.gov.br/2013-agencia-de-noticias/releases/12905-asi-pib-acumulou-crescimento-de-52-em-2004-a-maior-taxa-desde-1994.html>. Acesso em: 2 maio 2018.

da população, principalmente pela manutenção da estabilidade econômica e pelo combate à pobreza[11].

Apesar de o Código de Ética de 1986 ser revelador para a categoria profissional, o cenário socioeconômico e político – como a crise política do Estado marcada pelo *impeachment* do presidente Fernando Collor de Melo, em 1992, atrelada a uma recessão política e orçamentária e remetendo (como sempre) os direitos sociais à lógica orçamentária – colocou para a profissão a necessidade da revisão do código.

Aliados a tais fatores exógenos, outros, de ordem endógena, se fizeram urgentes. Estes, de acordo com Carvalho Neto (2013), foram:

- a necessidade de o assistente social se apropriar de um embasamento teórico-crítico consistente, que sustentasse uma fundamentação ética e moral condizente com o amadurecimento ídeo-político e teórico da profissão;
- a própria construção de um projeto profissional que satisfizesse às exigências da categoria e da direção social adotada entre os profissionais diante do compromisso ético-político, técnico-operativo e teórico-metodológico com a população; e
- a ênfase na formação acadêmico-profissional, fundada nessa perspectiva.

Desde o final dos anos 1980, os organismos profissionais vinham sentindo a necessidade da revisão do código de 1986. Assim, na gestão 1990–1993 do Conselho Federal de Serviço Social (CFESS), elaborou-se uma agenda por meio de uma plataforma programática, da qual fizeram parte o I Seminário Nacional de Ética (agosto de 1991), o VII Conselho Brasileiro de Assistentes Sociais (maio de 1992) e o II Seminário Nacional de Ética (novembro de 1992), com o envolvimento conjunto do Conselho Federal de Serviço Social (CFESS) e do Conselho Regional de Serviço Social (Cress), da Associação Brasileira de Escolas de Serviço Social (Abess), da Associação Nacional de Assistentes Sociais (Anas) e da Subsecretaria de Estudantes de Serviço Social da União

---

11 Ver, no Anexo V desta obra, o Código de Ética de 1993.

Nacional dos Estudantes (Sessune). Tal condição permitiu participação ativa de assistentes sociais de todo o país, assegurando que esse novo código, produzido no marco do mais abrangente debate da categoria, expressasse as aspirações coletivas dos profissionais (Carvalho Neto, 2013).

O próprio empenho da categoria, na década de 1990, por meio de um esforço para a materialização de renovação do exercício profissional que se iniciou com o Movimento de Reconceituação, contribuiu para a revisão do código em vigor à época.

Enfatizando o compromisso com a classe trabalhadora, a revisão "partiu da compreensão de que a ética deve ter como suporte uma ontologia do ser social: os valores são determinações da prática social, resultantes da atividade criadora tipificada no processo de trabalho" (CFESS, 1993, p. 21-22).

Nessa perspectiva, o processo profissional possibilita que o ser social[12] desenvolva suas objetivações[13] e que, em meio à sociedade, projete sua capacidade de ser livre, com a criação de novos valores e com a possibilidade de outras sociabilidades.

Com essa compreensão, o assistente social, inserido no espaço sócio e técnico, assume sua condição de trabalhador, reconhecendo a necessidade de um suporte ético-político, teórico-metodológico e técnico-operativo que fundamente seu agir profissional.

Conforme Paiva e Sales (2001, p. 178), "a perspectiva é, então, buscar fortalecer uma clara identidade profissional articulada com um projeto de sociedade mais justa e democrática". Destarte, o assistente social deve agir subsidiado pela ética profissional – como intencionalidade de associação, de coletividade, de compromisso – com seu saber teórico-prático crítico e, ainda, pelas necessidades e possibilidades das circunstâncias (Paiva; Sales, 2001, p. 179).

---

12 Segundo Lessa (1996), o ser social comparece como um complexo constituído, pelo menos, por três categorias primordiais: a sociedade, a linguagem e o trabalho.

13 A objetivação se constitui por um complexo de atos que transforma a finalidade previamente construída na consciência, em um produto objetivo (Lessa, 1996).

Diante de tais condições, exógenas e endógenas, a profissão articulou-se e organizou uma revisão no Código de Ética de 1986. Assim, surge o Código de Ética de 1993. Seus princípios éticos foram elaborados considerando a apreensão dos valores humanistas críticos e subsidiados por outras legislações, como a Constituição Federal de 1988 e a Declaração Universal dos Direitos Humanos. Sobre os princípios, o CFESS (1993, p. 23-24)[14] evidencia:

I. Reconhecimento da liberdade como valor ético central e das demandas políticas a ela inerentes – autonomia, emancipação e plena expansão dos indivíduos sociais;

II. Defesa intransigente dos direitos humanos e recusa do arbítrio e do autoritarismo;

III. Ampliação e consolidação da cidadania, considerada tarefa primordial de toda sociedade, com vistas à garantia dos direitos civis, sociais e políticos das classes trabalhadoras;

IV. Defesa do aprofundamento da democracia, enquanto socialização da participação política e da riqueza socialmente produzida;

V. Posicionamento em favor da equidade e justiça social, que assegure universalidade de acesso aos bens e serviços relativos aos programas e políticas sociais, bem como sua gestão democrática;

VI. Empenho na eliminação de todas as formas de preconceito, incentivando o respeito à diversidade, à participação de grupos socialmente discriminados e à discussão das diferenças;

VII. Garantia do pluralismo, através do respeito às correntes profissionais democráticas existentes e suas expressões teóricas, e compromisso com o constante aprimoramento intelectual;

VIII. Opção por um projeto profissional vinculado ao processo de construção de uma nova ordem societária, sem dominação exploração de classe, etnia e gênero;

---

14 Texto original do Código de Ética Profissional dos Assistentes Sociais de 1993.

IX. Articulação com os movimentos de outras categorias profissionais que partilhem dos princípios deste código e com a luta geral dos/as trabalhadores/as;

X. Compromisso com a qualidade dos serviços prestados à população e com o aprimoramento intelectual, na perspectiva da competência profissional;

XI. Exercício do serviço social sem ser discriminado/a, nem discriminar, por questões de inserção de classe social, gênero, etnia, religião, nacionalidade, opção sexual, idade e condição física.

Tendo a liberdade como um de seus princípios centrais, o documento indica um avanço para a profissão, considerando sua relação com a sociedade. Compreendida como um valor ético central, apresenta-se como a capacidade do homem de escolher e interagir nas relações que estabelece em seu convívio social. Para Forti (2010, p. 73), a liberdade ocorre

> como condição e possibilidade, mediante a práxis, de conquista da humanidade, de construção das relações sociais, uma vez que a sociedade é produto e o espaço do processo de construção do mundo humano, no qual, por meio de suas escolhas, de suas projeções e de suas ações, os Homens são produto e autores da história, constituem e dão sentido à vida humana, em condições determinadas.

Em outras palavras, sendo o construtor de sua história, em um contexto de limites e possibilidades, o homem, diante de sua capacidade teleológica e ação concreta, constrói suas sociabilidades em determinados tempo e espaço.

Na contemporaneidade, apesar de a liberdade ser entendida como individualidade e satisfação de interesses singulares do homem, postos pelas condições materiais e relações de consumo, remetendo o sentido da vida humana ao *ter*, e não ao *ser*, o código de ética a concebe de outra forma. Ele trata da liberdade no sentido individual, naturalizado pelo espírito burguês para as satisfações apenas materiais e se opõe aos princípios de autonomia, emancipação[15] e expansão dos indivíduos sociais, pois compreende que, para alcançá-los em sua plenitude, é necessário conceber a liberdade como meio de elevação ao homem genérico.

O atual sistema político-econômico, apesar de respaldado em um aporte legal que garante a liberdade para a população brasileira, traça diretrizes que conduz os homens a interesses individuais e à lógica do mercado.

Embora o antigo código de ética contemplasse elementos humanistas, o Código de Ética de 1993, mantendo tal tendência, acrescentou um corpo teórico, permitindo que a categoria profissional atue em prol de toda população. Assim, o Código de Ética de 1993 enfatizou, de forma intransigente, a defesa dos direitos humanos, extrapolando a visão de classe e avançando para uma proposta ética de defesa aos direitos coletivos, e não restritos a uma única classe – direitos que se movem e estabelecem uma relação íntima entre a liberdade, a cidadania e a democracia.

Fundado em princípios constitucionais e em diretrizes éticas, provenientes da Declaração Universal dos Direitos Humanos, o Código de Ética de 1993 pautou-se por valores semelhantes aos desse documento para a elaboração de seu texto. A questão da liberdade se apresentou como aspecto essencial em todo o texto da Declaração Universal dos Direitos Humanos, apresentando as mais variadas perspectivas do homem em participar das manifestações sociais, culturais, políticas; recusando toda e qualquer forma de tortura, tratamento desumano, escravidão, discriminação e arbitrariedade (Unesco, 1998).

Para Carvalho Neto (2013), a garantia dos direitos civis, sociais e políticos da classe trabalhadora, em um cenário de profundas transformações, rebate diretamente nas relações de trabalho,

---

15 Segundo Barroco (2012, p. 60), a "emancipação social e a política, realizável em graus diversos nos limites da sociabilidade burguesa, não se desconectam do horizonte da emancipação humana no Código de Ética". Ainda, para Vinagre (2010, p. 111), "a emancipação política diz respeito à possibilidade de satisfação de parte ou de grande parte das necessidades particulares das classes e de grupos presentes na sociedade, enquanto a emancipação humana refere-se à plena realização e expansão dos indivíduos sociais, o que requer autonomia e liberdade".

pela desarticulação das entidades sindicais e pela precarização das formas – direitos **ao** trabalho[16] – e dos direitos **do** trabalho[17].

Nessa realidade, o Serviço Social se mobiliza a favor da classe trabalhadora, em espaços de natureza política e deliberativa, com o intuito de contribuir para o avanço e a promoção dos direitos trabalhistas promulgados, mas, também, trazer para o debate os direitos fundamentais dos trabalhadores, o que intenta à democracia, entendida como "padrão de organização política" (Ortiz, 2010, p. 132).

"Na defesa do aprofundamento da democracia, enquanto socialização da participação política e da riqueza socialmente produzida" (Martins et al., 2014, p. 1), o Serviço Social se empenha para que haja a socialização dos bens, considerando que a desigualdade do acesso a esses mesmos bens é recrudescida nas relações sociais de produção e reprodução capitalista, reforçada pelo antagonismo do sistema econômico e político vigente, acentuando a contradição existente na relação capital/trabalho: quanto mais riqueza se produz com o trabalho, maior será a pobreza daqueles que a produzem.

Nesse sentido, o Estado, diante das reivindicações das classes sociais, faz uso das políticas sociais públicas como estratégia de contenção das forças contraditórias e de resistência que emergem da classe trabalhadora, intervindo e amenizando as mazelas provocadas pelo sistema, em específico, as políticas assistenciais e de redistribuição de renda como uma estratégia para excluir parte da população que se encontra na condição de extrema pobreza.

Desse modo, o Serviço Social posiciona-se a "favor da equidade e justiça social, que assegure universalidade de acesso aos bens e serviços relativos aos programas e políticas sociais, bem como

---

16 "O direito ao trabalho envolve o direito ao acesso e à manutenção de uma ocupação produtiva, o que confere uma dimensão promocional à atividade do Estado, mas não atribui aos indivíduos um instrumento judicial específico para assegurá-lo" (Marques, 2010, p. 92).

17 "O direito do trabalho comporta elementos de direito público e privado, ainda que de marcado assento contratual, como a disciplina que envolve a pessoa do trabalhador nas relações possíveis no mundo do trabalho" (Marques, 2010, p. 90).

sua gestão democrática" (CFESS, 1993, V, p. 23). A profissão direciona sua atuação no sentido de apoiar a participação da população na elaboração, implementação e gestão das políticas e dos programas sociais. Tal posicionamento, assumido pela profissão, propicia ampliar a participação das classes sociais nos espaços deliberativos de poder, como conselhos, associações e sindicatos, bem como mobilizar os grupos interessados a se inscrever em fóruns, congressos e movimentos sociais. A participação dos segmentos populacionais no Serviço Social, aliada à participação das categorias profissionais, legitima a sociedade civil nas discussões em âmbitos político e econômico.

No lastro histórico das contradições, o Serviço Social busca a legitimação de um projeto profissional contrário ao atual projeto societário, constituído pelas oligarquias até o neoliberalismo e capitaneado pelo interesse do capital.

> A ordem social expressa o interesse do mercado, momento em que a objetivação do trabalho é expropriada de seu produtor; a ação transformadora do trabalho e seu produto tornam-se mercadoria na relação de compra e venda. A rigor deste processo, o homem é transformado em mercadoria descartável, desumanizado de suas condições objetivas e subjetivas, seus valores são expropriados, sendo peça fundamental de um ciclo de produção e reprodução. No mundo dominado pelos interesses do capital, os vínculos morais foram se deteriorando, pela substituição dos valores humanos pelos valores próprios da coisificação e mercantilização das relações: o individualismo, o egoísmo, a competição, a propriedade privada. Nessa lógica, o indivíduo tem valor pelo que tem (Vinagre, 2010, p. 110). (Carvalho Neto, 2013, p. 114)

É importante considerarmos que a superação de tal ordem social requer, necessariamente, a superação do sistema capitalista, em outros termos, uma mudança na estrutura da sociedade, nas relações sociais de produção e, ainda, uma transformação nos valores intrínsecos a ela. Nesse contexto, há um hiato entre a ética e o capitalismo, pois, nesse sistema, os valores impregnados por sua ideologia estabelecem relações individualistas e a propriedade privada prevalece sobre o ser humano.

Nessa perspectiva, o desafio está em transformar a sociedade contemporânea em uma sociedade escorada numa ética que eleve o sujeito ao humano genérico. Autores como Barroco (2006, 2012), Forti (2010) e Vinagre (2010) compartilham da ideia de que, para elevar o homem ao humano genérico, é necessária a superação do capitalismo. No entanto, as mesmas autoras indicam a busca permanente por alternativas possíveis para a superação dos antagonismos capitalistas. Nesse sentido, o exercício do profissional é marcado por avanços e retrocessos, passos (des)contínuos no processo de alterações das sociabilidades. Com raízes na própria história da sociedade brasileira, a direção social da profissão, na atualidade, se faz por aportes legais como o código em estudo (de 1993), a lei que regulamenta a profissão, as diretrizes curriculares e outras legislações genéricas.

Apreender os caminhos desse movimento profissional na sociedade é (re)conhecer todas as expressões culturais, políticas e sociais dessa categoria, não homogênea, na sociedade, expressa por constantes desafios e respostas do cotidiano profissional.

Síntese

Sendo uma profissão inserida no contexto social, econômico, político e cultural, o Serviço Social atua, entre limites e possibilidades, por meio de processos de intervenção em uma realidade marcada por fluxos de força e, nesse fazer, a consciência ética se traduz em um componente indispensável para o exercício profissional, alterando a realidade e a história da profissão.

Os códigos de ética expressam um conjunto de normas, valores e princípios, reflexos de contextos históricos e sociais, políticos e econômicos, bem como a visão de homem e de mundo, oferecendo uma direção social à profissão e aos assistentes sociais. Suas diretrizes se apresentam de forma transversal no processo de objetivação do trabalho, na relação com a população usuária, nas instituições e entre a própria categoria profissional.

Os primeiros códigos de ética de Serviço Social, 1947 e 1965, se fundamentaram em princípios éticos e religiosos, com valores humanistas neotomistas e influências positivista para a interpretação e o posicionamento interventivo diante das transformações sociais que emergiam naquele período histórico. As desconformidades apresentadas pelo Código de Ética de 1965 com relação ao de 1945 foram: o tratamento às questões da democracia e do pluralismo, considerando as complexidades do mundo atual, bem como o reconhecimento da diversidade, principalmente aos posicionamentos políticos e que o novo código ascenderia a todos os profissionais, independentemente de credos e princípios filosóficos.

O código de ética seguinte, de 1975, elaborado pela categoria profissional em pleno vigor da ditadura militar, denotou um retrocesso em decorrência da supressão dos princípios da democracia e do pluralismo, presentes no código anterior, ou seja, o de 1965. Seu conteúdo expõe a reatualização do conservadorismo e a ausência de quaisquer questionamentos políticos. Ainda, desacertado por não problematizar as diferenças e as desigualdades sociais engendradas pela sociedade capitalista à época.

Em 1986, diante de uma efervescência social e política marcada pelo processo de democratização do país, o Serviço Social apresenta seu novo código de ética. Evidenciando o compromisso ético-político, a direção social da profissão e o rompimento com os vieses tradicionalistas e conservadores presentes nas interações estabelecidas pela profissão. Tal condição retrata as rupturas na materialização do trabalho profissional, com as práticas segmentadas, admitindo a capacidade dos profissionais em participarem da elaboração e da implementação de políticas sociais, e não apenas a execução de políticas terminais. O novo código estabelece um pacto da categoria profissional com a classe trabalhadora, refletindo um posicionamento nunca antes acatado – o profissional em Serviço Social passa a ter o direito de participar de manifestações da categoria, bem como da classe trabalhadora em geral.

No entanto, apesar de se mostrar um parâmetro revelador, o Código de Ética de 1986 foi substituído por outro. Diante de fatores exógenos e outros de ordem endógena, havia a necessidade de o assistente social se apropriar de um embasamento teórico crítico, consistente, que remetesse e sustentasse uma fundamentação ética e moral condizente com o amadurecimento ídeo-político e teórico da profissão; da própria construção de um projeto profissional que satisfizesse às exigências da categoria e da direção social adotada entre os profissionais, diante do compromisso ético-político, técnico-operativo e teórico-metodológico com a população; e da ênfase na formação acadêmico-profissional. O próprio empenho da categoria, na década de 1990, para a renovação do exercício profissional, que se iniciou com o movimento de reconceituação, contribuiu para a revisão do código em vigor à época. Assim, seus princípios éticos foram elaborados considerando a apreensão dos valores humanistas críticos e subsidiados por outras legislações, como a Constituição Federal de 1988 e a Declaração Universal dos Direitos Humanos, enfatizando o compromisso da profissão com a classe trabalhadora.

Questões para revisão

1. Quais foram os fatores de ordem endógena, que propiciaram ao Serviço Social a revisão do código de ética de 1986?
    a) Embasamento teórico-crítico consistente sobre ética e moral condizente com o amadurecimento ídeo-político e teórico da profissão; a construção de um projeto profissional que satisfizesse às exigências da categoria e da direção social adotada entre os profissionais diante do compromisso ético-político, técnico-operativo e teórico-metodológico com a população e, a ênfase na formação acadêmico-profissional.
    b) O empenho da categoria para a materialização de renovação do exercício profissional; embasamento teórico-crítico fundamentando a ética e moral coerente com o amadurecimento ídeo-político e teórico da profissão
    c) A tendência de um corpo teórico, permitindo que a categoria profissional atue em prol de toda população; a defesa dos direitos humanos, extrapolando a visão de classe e avançando para uma proposta ética de defesa aos direitos coletivos.
    d) A atuação do profissional na perspectiva que o ser social desenvolva suas objetivações e que, em meio à sociedade, projete sua capacidade de ser livre, com a criação de novos valores e com a possibilidade de outras sociabilidades e, ênfase na formação acadêmico-profissional.

2. De acordo com Barroco (1995) o código de Ética de 1986, alterado pelo Código de Ética aprovado em 1993, representou "(...) um avanço em dado momento histórico, inserindo-se no âmbito das discussões contemporâneas". Assim, é pertinente lembrar que os Códigos anteriores foram aprovados nos seguintes períodos:
   a) 1950; 1964; 1970.
   b) 1947; 1965; 1975.
   c) 1936; 1947; 1975.
   d) 1942; 1965; 1976.
   e) 1940; 1965; 1975.

3. O conjunto de fundamentos e valores que embasa as formulações do Código de Ética Profissional dos assistentes sociais, atualmente em vigor, colide com:
   a) a crítica ao conservadorismo, que vem do movimento de reconceituação.
   b) o espírito e a letra da Carta Constitucional, de outubro de 1988.
   c) o individualismo, a linguagem do mercado e os ecos da pós-modernidade.
   d) os avanços teórico-políticos realizados pela categoria profissional nos 1980.
   e) os princípios ontológico-sociais da teoria social.

4. Qual evento profissional contribuiu para a revisão do código de ética de 1993?

5. No Brasil, o Código de Ética Profissional do Assistente Social de 1986, o primeiro a romper com o histórico conservadorismo dos códigos de ética, foi reformulado na década de 90 com qual propósito?

QUESTÕES DO ENADE 2007[18]

Questão 21

A participação dos usuários nos Conselhos de Políticas Públicas tem sido um desafio para a sociedade brasileira: de fato "os usuários só poderão ter participação efetivamente qualificada e transitando para o status de sujeito de direitos se tiverem os instrumentos de análise da realidade."

GOMES, A.L. **Os conselhos de políticas e de direitos.** Capacitação em Serviço Social e Política Social: módulo 4 – O trabalho do Assistente Social e as políticas Sociais. Brasília: UnB, 2000.

Com base nessa afirmação, e levando em conta o Código de Ética Profissional vigente, cabe aos Assistentes Sociais:

a) contribuir para a ampliação do conhecimento dos usuários para garantir direitos.
b) substituir, em algumas circunstâncias, os usuários nos Conselhos.
c) fortalecer as representações das instituições que atendem os usuários.
d) criar normas e manuais de conduta que ensinem os usuários a serem conselheiros.
e) representar, sistematicamente, os usuários nos seus Conselhos.

Questão 22

Analise as afirmativas a seguir:

O Assistente Social deve estimular a participação dos usuários nas instâncias em que se decidem as políticas públicas.

PORQUE

A democracia é princípio constitutivo dos compromissos éticos do Serviço Social.

---
18 Guimarães; Kern (2010).

A esse respeito, é possível concluir que
a) as duas afirmativas são verdadeiras, e a segunda justifica a primeira.
b) as duas afirmativas são verdadeiras, e a segunda não justifica a primeira.
c) a primeira afirmativa é verdadeira, e a segunda é falsa.
d) a primeira afirmativa é falsa, e a segunda é verdadeira.
e) as duas afirmativas são falsas.

Questão 34

A Constituição de 1988, a contrarreforma do Estado e as mudanças do mundo do trabalho têm exigido do profissional de serviço social brasileiro novas competências e habilidades profissionais – dentre elas, a de exercer funções de gestão ou direção em organizações públicas ou privadas. Isso requer o domínio crítico das teorias organizacionais e das ferramentas gerenciais, bem como a clareza do significado da direção estratégica do projeto hegemônico no Serviço Social brasileiro. De acordo com o código de ética profissional em vigor, o exercício profissional, neste campo e na perspectiva da defesa e do aprofundamento da democracia, deve buscar:

a) a projeção de uma nova sociedade sem exploração e desigualdade de classe, gênero e etnia.
b) a eficácia e eficiência por meio da moderna administração gerencial de resultados.
c) a atenção às necessidades locais em função da municipalização das políticas públicas.
d) a defesa da liberdade do mercado como princípio regulador das relações econômicas e sociais.
e) a satisfação das necessidades e demandas sociais nos limites da ordem política liberal.

QUESTÕES DO ENADE 2010[19]

Questão 30

De acordo com o Código de Ética Profissional (Resolução CRESS 273, de 13/03/93), que prevê, em seu capítulo V, artigo 18, o sigilo profissional como direito do assistente social e a proteção ao usuário quanto ao teor revelado em decorrência do exercício das funções profissionais, permite-se a quebra do sigilo apenas

a) diante de solicitação expressa dos familiares do usuário.
b) diante de solicitação dos responsáveis pela preservação dos interesses institucionais.
c) mediante autorização expressa da organização prestadora de serviços sociais.
d) perante situações cuja gravidade possa prejudicar interesses da coletividade.
e) em situações em que a revelação de detalhes se faça necessária para dirimir conflitos.

Questão 34

O Serviço Social é uma das poucas profissões que possui um projeto profissional coletivo e hegemônico, denominado Projeto Ético-Político Profissional, que foi gestado no interior da categoria profissional e que expressa seu compromisso com a construção de uma nova ordem societária, mais justa, democrática e garantidora de direitos universais.

CFESS. **Código de ética profissional do assistente social.** (Resolução 273/93).

O projeto mencionado no texto tem seus contornos claramente expressos na Lei n. 8.662/1993, no Código de Ética Profissional de 1993, o qual assegura ao assistente social o direito de

a) desempenhar suas atividades profissionais com eficiência e responsabilidade, observando a legislação em vigor.

---
19 Guimarães; Bellini (2013).

b) utilizar, no exercício da profissão, seu número de registro no Conselho Regional.
c) abster-se, no exercício da profissão, de práticas que caracterizem a censura, o cerceamento da liberdade, o policiamento dos comportamentos, denunciando sua ocorrência aos órgãos competentes.
d) aprimorar seu conhecimento profissional de forma contínua, colocando-o a serviço dos princípios estabelecidos no próprio Código.
e) participar de programas de socorro à população em situação de calamidade pública, no atendimento e na defesa de seus interesses e necessidades.

QUESTÕES DO ENADE 2013[20]

Questão 15

Desde 1980, a análise do significado social da profissão está centrada no processo de reprodução das relações sociais, sustentando que a questão social é indissociável das relações sociais capitalistas, nos marcos da expansão monopolista e de seu enfrentamento pelo Estado. O processo de renovação crítica do Serviço Social é vivenciado internamente na categoria profissional, exigindo dos profissionais o entendimento da sua posição na divisão sócio-técnica do trabalho.

IAMAMOTO, M. V. A Questão Social no Capitalismo. In: TEMPORALIS. *Revista da Associação Brasileira de Ensino e Pesquisa*. ABEPSS. Ano II, n. 3, janeiro a junho de 2001 (adaptado).

Considerando o contexto apresentado, conclui-se que o Serviço Social,

a) pela sua trajetória histórica conservadora, edificou um projeto homogêneo de fortalecimento do tradicionalismo profissional e seu ideário conservador.

---
20 Guimarães; Grossi (2015).

b) sob a perspectiva profissional, é fruto do processo de produção e reprodução das relações sociais e, por isso, afirma-se como uma especialização do trabalho coletivo no quadro do desenvolvimento industrial e da expansão urbana.
c) pela sua especificidade, constitui uma planificação do trabalho coletivo no quadro do desenvolvimento industrial e da expansão urbana.
d) pela sua trajetória liberal, constitui uma especialização do trabalho individual no quadro do desenvolvimento industrial e da retração urbana.
e) sob a perspectiva profissional, está à parte do processo de produção e reprodução das relações sociais, portanto, não constitui uma especialização do trabalho coletivo.

Questão 32

Tendo como base os valores e princípios contidos no Código de Ética Profissional, de 1993, e considerando um contexto de perda de direitos historicamente conquistados e de banalização da vida, o profissional de Serviço Social defronta-se com situações desafiadoras que requerem:

I) ações de resistência, na direção do enfrentamento da restrição dos direitos e dos valores que orientam a ação profissional.
II) flexibilidade dos princípios éticos.
III) crítica à ideologia neoliberal conservadora.
IV) construção de um novo *éthos* alinhado às demandas contemporâneas postas ao Serviço Social.
V) desenvolvimento de um trabalho profissional para reconhecer a autonomia, a emancipação e a plena expansão dos indivíduos sociais.

É correto apenas o que se afirma em
a) I, II e V.
b) I, III e IV.
c) I, III e V.
d) II, III e IV.
e) II, IV e V.

QUESTÕES DO ENADE 2016[21]

Questão 15

Vários pacientes e seus familiares, tanto da capital quanto do interior do estado, têm passado a noite em frente à recepção de um hospital universitário para tentar conseguir uma ficha para a realização de exames. Segundo eles, essa situação decorre da redução do número de atendimentos e da entrega de senhas pelo hospital. Além da noite desconfortável, as pessoas que dependem do Sistema Único de Saúde também precisam enfrentar o medo e a insegurança ao dormir ao relento. E o pior: muitas delas não conseguem a vaga tão esperada [...]. "Além disso tudo que nós passamos, alguns atendentes, quando acabam as fichas, ficam debochando de nós. Isso é revoltante, não basta o sofrimento, também passamos por humilhações", desabafa um paciente que preferiu não ser identificado.

Disponível em: <http://gazetaweb.globo.com>. Acesso em: 10 jul. 2016 (adaptado).

Considerando as variadas situações com que a/o assistente social se depara, avalie as afirmações a seguir.

I) A/O assistente social deve contribuir para a criação de mecanismos que possam desburocratizar a relação das instituições com as/os usuárias/os.

II) A/O assistente social deve acatar as determinações institucionais, mesmo que a decisão tomada fira os princípios e diretrizes do Código de Ética da/do Assistente Social.

III) A/O assistente social deve integrar comissões interdisciplinares de ética nos locais em que trabalha, de modo a avaliar condutas profissionais e políticas institucionais.

IV) A/O assistente social deve ser solidário com outros profissionais, respeitando normas e quaisquer condutas das outras profissões, eximindo-se de denunciar atos que firam direitos sociais.

---
21 Inep (2016).

V) A/O assistente social deve garantir às/aos usuárias/os do serviço social informação e promover discussão a respeito das situações adversas apresentadas, respeitando democraticamente as decisões tomadas.

É correto apenas o que se afirma em:
a) I, II e IV.
b) I, III e V.
c) I, IV e V.
d) II, III e IV.
e) II, III e V.

Questão 25

O Código de Ética das/dos Assistentes Sociais estabelece entre seus princípios a necessidade das/dos assistentes sociais:
a) incorporarem suas pautas às agendas coletivas e democráticas vinculadas aos interesses da classe trabalhadora.
b) ocuparem posição de agentes da transformação social e de se vincularem às lutas coletivas.
c) assumirem a vanguarda política dos movimentos sociais, aprofundando cada vez mais a luta coletiva.
d) exercerem o protagonismo da classe na luta das/dos trabalhadoras/es por melhores condições de vida e de trabalho.
e) estabelecerem articulação política com movimentos de outras/os trabalhadoras/es, comunicando obrigatoriamente orientações e exigências das instituições empregadoras.

Questão 26

Os projetos profissionais são projetos coletivos que dizem respeito às categorias profissionais e que apresentam a intencionalidade de determinada profissão. Configuram-se como respostas profissionais à realidade concreta e objetiva, que, a partir de fundamentos teórico-metodológicos, sustentam a direção ética e política impressa nos processos interventivos. Embora projetos de caráter conservador e emancipatório estejam em disputa, apenas um deles conquista hegemonia para conduzir a profissão em determinado período histórico-social.

CARDOSO, P. **Ética e projetos profissionais**: os diferentes caminhos do Serviço Social no Brasil. São Paulo: Papel Social, 2013 (adaptado).

Com base na trajetória histórico-social do Serviço Social brasileiro, avalie as afirmações a seguir.

I) No contexto das influências teóricas positivistas e fenomenológicas no Serviço Social brasileiro, o projeto profissional apresentava, entre os anos 1960-1970, caráter conservador.
II) O amadurecimento de um projeto profissional sob bases emancipatórias ocorreu nos anos 1990, sustentado pelo Código de Ética (1993), pela Lei de Regulamentação da Profissão (1993), e pelas Diretrizes Curriculares da Associação Brasileira de Ensino e Pesquisa em Serviço Social (1996).
III) O Serviço Social no Brasil, desde a sua origem aos tempos atuais, busca constituir um projeto profissional que não esteja assentado em bases conservadoras, as quais estão hegemonicamente presentes na profissão.

É correto o que se afirma em:
a) II, apenas.
b) III, apenas.
c) I e II, apenas.
d) I e III, apenas.
e) I, II e III.

Questão 28

Segundo dados do IBGE, a desigualdade de rendimento entre homens e mulheres no caso brasileiro é resultado, em grande medida, de uma inserção, no mercado de trabalho, diferenciada por sexo, com uma maior presença feminina em ocupações precárias, de baixa qualificação, pouco formalizadas e predominantemente no setor de serviços como, por exemplo, o trabalho doméstico. Além da desigualdade de gênero, verificam-se ainda discriminações associadas à raça.

BRASIL. Ministério do Planejamento, Orçamento e Gestão. Instituto Brasileiro de Geografia e Estatística – IBGE. **Informação Demográfica e Socioeconômica número 33**. (Adaptado).

Incorporar as dimensões de gênero e raça à análise do mercado de trabalho implica assumir que a posição das mulheres e dos negros é desigual em relação aos homens e aos brancos e que questões como emprego e desemprego, trabalho precário e remuneração, entre outras, manifestam-se e são vividas de forma desigual entre esses trabalhadores e trabalhadoras.

ORGANIZAÇÃO INTERNACIONAL DO TRABALHO – OIT. **Igualdade de gênero e raça no trabalho**: avanços e desafios. Brasília, 2010. Disponível em: <http://www.oitbrasil.org.br>. Acesso em: 9 jul 2016 (adaptado).

Considerando a relação entre patriarcado, racismo e capitalismo, na perspectiva da sociedade brasileira, e os princípios fundamentais do Código de Ética das/dos Assistentes Sociais (1993), avalie as afirmações a seguir.

I) A relação capital/trabalho, como manifestação histórica concreta, mostra-se neutra em relação ao gênero/sexo e à raça.

II) A formação do capitalismo no Brasil induziu a sociedade brasileira à superação do patriarcado e do racismo.

III) Nas sociedades capitalistas, a preservação das relações desiguais de gênero e raça no mundo do trabalho constitui mecanismo orgânico-estrutural da dominação multifacetada do capital.

IV) A exploração, a dominação e a opressão de gênero/sexo e raça expressam-se como relações desiguais, hierarquizadas e contraditórias, sustentadas historicamente na divisão sexual e étnico-racial do trabalho.

V) A mulher brasileira contemporânea é uma trabalhadora assalariada, insere-se em novos espaços de trabalho profissional, compartilha o sustento da família e, além disso, permanece como a principal responsável pelas atividades domésticas.

É correto apenas o que se afirma em
a) I, II e III.
b) I, II e IV.
c) I, IV e V.
d) II, III e V.
e) III, IV e V.

Questão 31

Não há como desconhecer questões vinculadas à apreensão da direção e da lógica curricular, dos fundamentos e categorias intelectivas pelas unidades acadêmicas, sem os quais as diretrizes se perdem no burocratismo e no formalismo, comprometendo o alcance histórico, teórico, ético-político, prático-operativo, pedagógico e organizativo que elas emprestam à formação profissional da/do assistente social.

KOIKE, M. M. Formação profissional em Serviço Social: exigências atuais. In: CFESS/ABEPSS (Org.). **Serviço Social: direitos sociais e competências profissionais.** Brasília: CFESS/ABEPSS, p. 201-219, 2009 (adaptado).

Tendo como referência o texto acima, bem como os pressupostos teóricos que embasam o Serviço Social e os posicionamentos políticos das entidades representativas do Serviço Social (CFESS/CRESS, ABEPS e ENESSO), assinale a alternativa correta.

a) O Projeto Ético-Político do Serviço Social coaduna-se com o processo de financiamento do ensino privado como proposta de acesso ao ensino superior da classe trabalhadora, pois a educação superior pública é destinada à elite nacional.

b) O Ensino a Distância (EAD) na graduação em Serviço Social constitui importante ferramenta para o aprimoramento dos processos educacionais, em sintonia com os princípios do Código de Ética da/do Assistente Social e as resoluções do Conselho Federal de Serviço Social.

c) A questão econômica é uma realidade irrefutável no que diz respeito ao processo educacional, por isso a lucratividade deve ser considerada prioritária no ensino, uma vez que o volume de lucro de uma instituição educativa impacta diretamente no desempenho do processo educacional.

d) A tecnologia é uma realidade incontestável nas sociedades contemporâneas, por isso o Serviço Social não deve opor-se à formação profissional das/dos assistentes sociais por meio do ensino à distância, modalidade que garantiria o aumento de profissionais qualificados na área.

e) As instituições representativas do Serviço Social defendem uma proposta de democratização da educação superior que garanta o acesso de qualidade, por meio de uma metodologia de significativo rigor pedagógico.

Questão 33

A garantia do pluralismo é resultado de um amplo e importante debate ocorrido no âmbito do Serviço Social brasileiro nos anos 1980.

Em consonância com os princípios ético-políticos do Serviço Social, a defesa do pluralismo pressupõe

a) a compreensão de que o diálogo democrático e a equivalência entre os diversos campos teórico-metodológicos são necessários para o fortalecimento do projeto ético-político.

b) a presença do relativismo no debate da ética profissional, assegurado pela participação de vários segmentos profissionais oriundos de correntes teórico-metodológicas diversas durante o processo de constituição do código de ética vigente.

c) o entendimento de que nem todas as posições teóricas e político-profissionais se equivalem e o reconhecimento de que o direito à expressão teórica e política garante as condições de debate.

d) a conquista da homogeneidade do projeto ético-político junto à categoria profissional, comprometida com os interesses da classe trabalhadora.

e) o reconhecimento de que as inúmeras perspectivas teórico-metodológicas presentes historicamente no Serviço Social podem contribuir de forma igualitária na análise dos processos sócio-históricos e sociais.

Questões para reflexão

1. Todos os códigos de ética do Serviço Social contemplam a questão do sigilo no desenvolvimento do exercício profissional como regras a serem aplicadas em relação às informações e aos dados sobre a vida privada das pessoas atendidas pelo profissional. Reflita sobre a importância do sigilo profissional para os profissionais do Serviço Social.

2. Pense sobre quais condições poderiam justificar a quebra do sigilo no âmbito profissional de Serviço Social.

Para saber mais

BARROCO, L. **Congresso da Virada, 30 anos.** Palestra. Disponível em: <https://www.youtube.com/watch?v=aY4rzQU2uLo>. Acesso em: 2 maio 2018.

Lucia Barroco é um dos expoentes sobre a ética no Serviço Social e sua palestra contribui para refletirmos sobre o projeto ético-político da profissão na atualidade, em contextos gestados por políticas neoliberais, cujos resultados expressam a degradação da vida social.

SCHÜLLER, F. **O que consideramos uma sociedade justa?** Palestra CPFL. Disponível em: <https://www.youtube.com/watch?v=ZsAk6EzyTmw>. Acesso em: 2 maio 2018.

No início da palestra, é lançado o seguinte problema: "em princípio, uma sociedade deveria ter como um de seus pilares fundamentais a justiça social. Para uns, ela asseguraria liberdades e direitos. Para outros, significaria a distribuição de riquezas, ou ainda para alguns, seria ter condições básicas para o desenvolvimento individual". Estudamos, no decorrer dos capítulos, o quanto a condição ética se alinha com a sociedade que queremos, justa, equânime.

Estudo de caso

Deve-se, neste estudo de caso, realizar uma interpretação da conduta da assistente social, em companhia de sua estagiária, com base em princípios e valores, segundo o Código de Ética do Serviço Social de 1993.

Centro de Referência Especializado de Assistência Social

Casa de uma usuária do serviço

Pessoas envolvidas: assistente social e estagiária de Serviço Social

Atividade desenvolvida: visita domiciliar

Objetivo: verificar ocorrência de violação de direitos para conhecimento de caso, para denúncia no Ministério Público

A visita domiciliar foi realizada na casa de uma idosa. A casa de madeira com pouca iluminação encontrava-se em situação precária. Seu interior denotava pouco espaço para locomoção, com móveis em péssimo estado, empoeirados e roupas sujas no tanque. A moradora tinha dois cachorros, que entravam na casa, pulando nela, caso a porta da casa não estivesse bem fechada.

Assistente social e estagiária chegaram próximo às 16h, sendo recebidas pela cuidadora da idosa. Às mãos trazia sacolinhas plásticas. Rapidamente a cuidadora relatou que a idosa estava de cama há mais ou menos quinze dias e que não a deixava lhe dar banho nem trocar de roupa, sendo agressiva quando tentava fazer isso, dando-lhe empurrões.

Disse que começou a trabalhar na casa há pouco menos de uma semana e que foi contratada pelo filho da idosa. Quando indagada sobre as sacolas plásticas nas mãos, respondeu: "Não vou colocar as mãos onde ratos passam, trago minha comida e caneca de casa". Questionada pela profissional se ela já tinha visto roedores na casa, ela diz que sim e que o filho da idosa já havia comprado veneno para os ratos.

A assistente social perguntou se ela dormia na casa com a idosa, ela disse que não, que vai para casa às 17h30 e não soube afirmar se o filho da idosa vinha ou não dormir com a mãe, porém afirmou que ele dá os remédios da idosa, que compra vitaminas, mostrando-os sobre o armário. Ainda, disse que o filho da idosa lhe deu permissão para jogar fora móveis e objetos que não estivessem em condições de uso. Relatou a cuidadora que, além de cuidar da idosa, realiza a faxina da casa e que ainda não tinha conseguido lavar as roupas, pois estava limpando e retirando os lixos do quintal.

Dirigindo-se até o quarto da idosa, assistente social e estagiária a encontraram deitada na cama, urinada, com forte cheiro. A idosa estava assistindo à televisão.

Em conversa com a profissional e a estagiária, a idosa disse que estava tudo bem com ela e que não conseguia andar porque sua perna estava fraca, afirmou que tinha nove filhos, porém só lembrou o nome de um, a usuária, ao mesmo tempo que conversava com a equipe, conversava com os personagens da televisão.

Saindo do quarto, a assistente social retomou a conversa com a cuidadora, pedindo os documentos pessoais da idosa, tendo como resposta que não sabia onde se encontravam e que tinha apenas o número de telefone do filho da idosa e que podia ligar para ele quando fosse necessário, entregando o número para a profissional.
Assistente social e estagiária se despediram da cuidadora, finalizando, assim, a visita.
De volta ao espaço sócio-ocupacional, assistente social e estagiária iniciaram a elaboração do relatório da visita domiciliar como devolutiva ao Ministério Público. Ainda, agendaram contato para entrevista com o referido filho da idosa, no sentido de captar mais informações sobre a situação dela e possíveis intervenções futuras.

Para concluir...

A ética, nas considerações deste trabalho, é compreendida no processo de objetivação do homem como parte de sua práxis social. Como capacidade eminentemente humana, a ética projeta valores diante de uma realidade concreta. Reconhecemos, então, que a ética é um reflexo dos valores que emergem dos atos morais, ações concretas que, em seu espaço e tempo, expressam as condições dos homens como ser ético, ser livre. É parte da realidade dos homens, feita para os homens e age na relação entre eles, na individualidade/na necessidade do eu e do coletivo e, quase sempre, reproduzindo a ideologia dominante do ter sobre o ser. Dessa forma, a ética permeia as dimensões sociais, culturais e políticas com valores históricos e mutáveis.

A ética profissional apresenta-se nesse contexto como fundamental para legitimar os direitos e os deveres das categorias profissionais, principalmente para aqueles trabalhadores que atuam diretamente com vidas humanas. Tal condição pressupõe o compromisso inalienável dessas profissões com um alto grau de responsabilidade para com a sociedade, pois o resultado de seu trabalho está diretamente vinculado a um ser social, histórico e de direitos – direitos esses muitas vezes violados pelo próprio sistema capitalista e pelo Estado.

Ética e moral, como um movimento dialético, resultam no conjunto de aproximações sucessivas que, associadas a outras objetivações, constituem a totalidade[1]. Assim, a ética está nas dimensões da filosofia, das ciências sociais, da história, nas dimensões humanas, pois, somente assim, será apreendida em sua totalidade. Dessa forma, o ato moral e a ética só podem ser compreendidos em um tempo e espaço determinados, demandando reflexões e construções científicas (Sánchez Vázquez, 2011).

Em tal contexto, o Serviço Social é desafiado a responder às necessidades coletivas, traçar uma direção ético-política e um percurso que promova integralmente a participação política. Inserido na divisão técnica do trabalho, revela-se como produto da história da sociedade capitalista, posto em meio às contradições e nelas tecendo suas mediações, ações concretas embasadas em conhecimento e compromisso ideopolítico.

Historicamente, o Serviço Social participou de contínuas transformações articulando-se e modificando-se para atender à realidade de cada momento, partícipe em cenários políticos e suas reivindicações. Em seus 80 anos de existência, o Serviço Social produziu um acúmulo teórico e desenvolveu habilidades metodológicas e técnico-operativas possibilitando responder às necessidades e demandas postas pela sociedade.

Nesse cenário, em que as demandas sociais são arregimentadas pelas instituições (governamentais, não governamentais, privadas lucrativas), o assistente social encontra-se em contínuos enfrentamentos para a validação e a promoção dos direitos sociais, por

---

1 "Categoria que representa toda a realidade e seus complexos, os quais, num movimento contraditório, produzem e reproduzem, afirmam e negam, as condições materiais e espirituais dos homens" (Carvalho Neto, 2013, p. 137).

meio da qualidade dos serviços sociais realizados e em sua inserção nos movimentos da luta de classes.[2] Para a profissão, reconhece seu usuário como um sujeito de direitos.

Representando um avanço nos direitos e nos deveres, o Código de Ética de 1993 promoveu a profissão, elencando, também, aquilo que está vedado na relação com os usuários para a categoria e as instituições.

Os princípios fundamentais, valores e fundamentos teóricos que embasam essa versão do código possibilitam ampla leitura e interpretação das dimensões micro e macrossociais, relacionando-as entre si. Ainda, proporciona uma direção social à profissão, aspirada no compromisso com a classe trabalhadora e com os sujeitos coletivos, pois trata de valores que ultrapassam a divisão de classes sociais.

A liberdade é o eixo central de tais princípios, apesar de sua legitimação se colocar entre impasses e limitações no contexto contemporâneo. Expressa-se como capacidade do homem de realizar escolhas possíveis e efetivar suas objetivações. É também fundamental para o despertar da consciência do homem, para o autorreconhecimento como sujeito coletivo e de direitos, como ser sócio-histórico, por estar em uma sociedade (e pertencer a ela) e nela obter as condições e possibilidades de satisfazer as necessidades individuais e coletivas.

O código de ética profissional não se constitui como um dogma. Por outro lado, o código – na perspectiva ética, normativa e de valores – somente se legitima se seus princípios forem incorporados, de forma consciente, autônoma e responsável, pelos sujeitos profissionais, compreendendo a heterogeneidade que compõe a categoria profissional, tanto em relação à inserção socioeconômica e cultural dos sujeitos individuais quanto em relação à formação profissional. Portanto, a hegemonia do processo ético-político

---

2 No mundo do trabalho, outras profissões também participam do desafio da transformação social. Portanto, não se trata de algo posto apenas para o Serviço Social.

profissional revela-se como um dos instrumentos essenciais de legitimidade desse mesmo código.

Mais ainda, deve ser uma expressão de um debate teórico consistente, para que, na disputa com outros projetos, se respeitem a diversidade e o pluralismo. Entretanto, é preciso enfatizarmos que, na convivência plural, o código de ética deve se colocar de forma definitiva: o respeito a todas as expressões profissionais, sociais e culturais que sejam democráticas e que buscam a ampliação da liberdade como valor ético central.

O código de ética profissional fundamenta-se então em valores e princípios historicamente situados, rompendo com a a-historicidade e com o relativismo dos valores. A ruptura com a-historicidade constitui princípios como democracia e liberdade, mas sempre referendados por condições objetivas do exercício profissional e dos sujeitos sociais, no enfrentamento pela garantia da qualidade dos serviços prestados e dos interesses dos usuários dos serviços sociais.

Sobre a superação do relativismo, cabe assinalar que, ainda que os valores individuais sejam menos importantes, é preciso reconhecer que têm origem sócio-histórica e estão, portanto, fundados em determinada concepção de homem e de mundo. O reconhecimento da situação de conflito exige a superação do relativismo dos valores. Essa exigência deve fazer parte da efetivação dos direitos e da superação de todas as formas de preconceito, opressão, violência e discriminação.

Nessa direção, os profissionais que se veem diante dos impasses e dilemas do trabalho cotidiano devem recorrer ao debate e à reflexão ética como recursos essenciais para a apreensão crítica do significado dos valores éticos e morais.

Referências

ALMANAQUE ABRIL 2008. 34. ed. São Paulo: Abril, 2007.

ANGELIN, P. E. Profissionalismo e profissão: teorias sociológicas e o processo de profissionalização no Brasil. **Revista Espaço de Diálogo e Desconexão**, v. 3, n. 1, Araraquara: Unesp, jul./dez. 2010. Disponível em: <https://periodicos.fclar.unesp.br/redd/article/viewFile/4390/3895>. Acesso em: 4 maio 2018.

APSS – Associação dos Profissionais de Serviço Social. **A ética no Serviço Social**: princípios e valores. Sirilanka, jul. 1994. Disponível em: <http://cdn.ifsw.org/assets/Portugal_Etica.pdf>. Acesso em: 4 maio 2018.

BARROCO, M. L. S. **Ética e serviço social**: fundamentos ontológicos. 5. ed. São Paulo: Cortez, 2006.

_____. _____. 7. ed. São Paulo: Cortez, 2010.

_____. Materialidade e potencialidades do Código de Ética dos Assistentes Sociais. In: BARROCO,

M. L. S.; TERRA, S. H. **Código de Ética do/a Assistente Social comentado**. São Paulo: Cortez, 2012. p. 30-37.

BATISTA, L. C. Etnicidade no Antigo Oriente Próximo: um estudo sobre os Hititas. In: CONGRESSO INTERNACIONAL DE HISTÓRIA, 7., 2015, Maringá. **Anais**... Disponível em: <http://www.cih.uem.br/anais/2015/trabalhos/1299.pdf>. Acesso em: 4 maio 2018.

BERTI, E. A ética dos antigos e a ética dos modernos. **Philosophica**, Lisboa, n. 27, p. 5-14, 2006. Disponível em: <http://www.centrodefilosofia.com/uploads/pdfs/philosophica/28/2>. Acesso em: 4 maio 2017.

BOFF, L. **A águia e a galinha**: uma metáfora da condição humana. Petrópolis: Vozes, 1997.

BRECHT, B. **Poemas 1913-1956**. 7. ed. Tradução de Paulo César de Souza. São Paulo: Ed. 34, 2012.

BRITES, C. M. **Ontologia social e Serviço Social**. São Paulo, 1997. Mimeografado.

BUSS, R. N.; COSTA, A. das N. A racionalização da fé: uma abordagem histórica da patrística grega. **Revista São Luis Orione**, v. 1, n. 4, p. 11-26, jan./dez. 2010. Disponível em: <http://studylibpt.com/doc/1457858/a-racionaliza%C3%A7%C3%A3o-da-f%C3%A9 uma-abordagem-hist%C3%B3rica-da-patr%C3%ADs>. Acesso em: 4 maio 2018.

CÂMARA DOS DEPUTADOS. **Década de 40**. Disponível em: <http://www2.camara.leg.br/atividade-legislativa/plenario/discursos/escrevendohistoria/visitantes/panorama-das-decadas/decada-de-40>. Acesso em: 4 maio 2018.

CAMARGO, M. Ética na empresa. Petrópolis: Vozes, 2006.

CARVALHO NETO, C. T. de. **Ética, ética profissional e o trabalho profissional do assistente social**. 156 f. Dissertação (Mestrado em Serviço Social) – Universidade Estadual de São Paulo, Franca, 2013.

CFAS – Conselho Federal de Assistentes Sociais. **Código de Ética Profissional do Assistente Social, de 8 de maio de 1965**. Disponível em: <http://www.cfess.org.br/arquivos/CEP_1965.pdf>. Acesso em: 4 maio 2018.

CFAS – Conselho Federal de Assistentes Sociais. **Código de Ética Profissional do Assistente Social, de janeiro de 1975.** Disponível em: <http://www.cfess.org.br/arquivos/CEP_1975.pdf>. Acesso em: 4 maio 2018.

_____. **Código de Ética Profissional do Assistente Social, de 9 de maio de 1986.** Disponível em: <http://www.cfess.org.br/arquivos/CEP_1986.pdf>. Acesso em: 4 maio 2018.

CFESS – Conselho Federal de assistentes Sociais. **Código de Ética do/a Assistente Social.** 1993. Disponível em: <http://www.cfess.org.br/arquivos/CEP_CFESS-SITE.pdf>. Acesso em: 4 maio 2018.

CHAUI, M. **Convite à filosofia.** São Paulo: Ática, 2003.

_____. **Introdução à história da filosofia**: as escolas helenísticas. São Paulo: Companhia das Letras, 2010. v. II.

DALLARI, D. de A. **Ética.** 2003. Palestra. Disponível em: <http://www.dnit.gov.br/download/institucional/comissao-de-etica/artigos-e-publicacoes/ publicacoes/Etica-Dalmo%20de%20Abreu%20Dallari.pdf>. Acesso em: 17 jan. 2017.

DUARTE, P. P.; BOFF, C. A trindade santa: modelo supremo da família como comunidade de amor. **Caderno Teológico da PUCPR,** Curitiba, v. 1, n. 1, p. 163-191, 2013.

FORTI, V. **Ética, crime e loucura**: reflexões sobre a dimensão ética no trabalho profissional. Rio de Janeiro: Lumen Juris, 2010.

GRALHA, J. C. M. **A legitimidade do poder no Egito ptolomaico**: cultura material e práticas mágico-religiosas. 276 f. Tese (Doutorado em História) – Universidade Estadual de Campinas, Campinas, 2009.

GUEDES, O. de S. A compreensão da pessoa humana na gênese do serviço social no Brasil: uma influência neotomista. **Serviço Social em Revista,** v. 4, n. 1, p. 7-25, jul./dez. 2001. Disponível em: <http://www.uel.br/revistas/ssrevista/n1v4.pdf>. Acesso em: 4 maio 2018.

GUERRA, Y. A pós-graduação em serviço social no Brasil: um patrimônio a ser preservado. **Temporalis,** Brasília, ano 11, n. 22, p. 125-158, jul./dez. 2011.

_____. O projeto profissional crítico: estratégias de enfrentamento das condições contemporâneas da prática profissional. **Serviço Social & Sociedade,** São Paulo, ano 28, n. 91, p. 5-33, set. 2007.

GUIMARÃES, G. T. D.; BELLINI, M. I. B. (Org.). **Enade comentado 2010**: serviço social. Porto Alegre: EdiPUCRS, 2013. Disponível em: <http://ebooks.pucrs.br/edipucrs/Ebooks/Pdf/978-85-397-0303-6.pdf>. Acesso em: 4 maio 2018.

GUIMARÃES, G. T. D.; GROSSI, P. K. (Org.). **Enade comentado 2013**: serviço social. Porto Alegre: EdiPUCRS, 2015. Disponível em: <http://ebooks.pucrs.br/edipucrs/Ebooks/Pdf/978-85-397-0665-5.pdf>. Acesso em: 4 maio 2018.

GUIMARÃES, G. T. D.; KERN, F. A. (Org.). **Enade comentado 2007**: Serviço Social. Porto Alegre: EdiPUCRS, 2010. Disponível em: <http://www.pucrs.br/edipucrs/enade/servicosocial2007.pdf>. Acesso em: 4 maio 2018.

HOUAISS, A.; VILLAR, M. de S. **Dicionário eletrônico Houaiss da língua portuguesa**. versão 3.0. Rio de Janeiro: Instituto Antônio Houaiss; Objetiva, 2009. 1 CD-ROM.

INEP – Instituto Nacional de Estudos e Pesquisas Educacionais Anísio Teixeira. SINAES: Sistema Nacional de Avaliação da Educação Superior. **Enade 2016**. Serviço Social. nov. 2016. Disponível em: <http://download.inep.gov.br/educacao_superior/enade/provas/2016/servico_social.pdf>. Acesso em: 4 maio 2018.

_____. **Enade 2016**. Serviço Social. Gabarito. Disponível em: <http://download.inep.gov.br/educacao_superior/enade/gabaritos/2016/servico_social.pdf>. Acesso em: 4 maio 2018.

LAKATOS, M. E.; MARCONI, M. de A. **Metodologia do trabalho científico**. 4. ed. São Paulo. Atlas, 1992.

LESSA, S. A centralidade ontológica do trabalho em Lukács. **Serviço Social & Sociedade**, ano 17, n. 52, p. 7-23, dez. 1996.

_____. **Para compreender a ontologia de Lukács**. São Paulo: Instituto Lukács, 2015.

LIMA, A. Além da ética. In: _____. **As cores do invisível**. Natal: Grafipel, 2003.

LIMA, T. C. S. de; MIOTO, R. T. Procedimentos metodológicos na construção do conhecimento científico: a pesquisa bibliográfica. **Rev. Katál**, Florianópolis, v. 10, n. esp. p. 37-45, 2007.

MACHADO, L. T. **Formação do Brasil e unidade nacional**. Rio de Janeiro: Ibrasa, 1980.

MAGALHÃES, A. L. **Retórica no discurso organizacional**: constituição do *ethos* da organização a partir de notas oficiais sobre acidentes. 223 f. Tese (Doutorado em Língua Portuguesa) – Pontifícia Universidade Católica de São Paulo, São Paulo, 2010.

MANCINI, L. C. IV Semana Social, totalitarismo. **Revista de Serviço Social**, São Paulo, ano 2, p. 3-6, 1940.

MARQUES, M. C. S. Uma dimensão do direito "ao" e "do" trabalho. In: FORTI, V.; GUERRA, Y. (Org.). **Ética e direitos**: ensaios críticos. Rio de Janeiro: Lumen Juris, 2010. p. 79-106. (Coletânea Nova de Serviço Social).

MARTINELLI, M. L. A pergunta pela identidade profissional do serviço social: uma matriz de análise. **Serviço Social & Saúde**, Campinas, v. 12, n. 2, p. 145-156, jul./dez. 2013. Disponível em: <https://periodicos.sbu.unicamp.br/ojs/index.php/sss/article/viewFile/8639491/7064>. Acesso em: 4 maio 2018.

_____. O uso de abordagens qualitativas na pesquisa em serviço social. **Caderno NEPI**, São Paulo, n. 1, p. 7-11, maio 1994.

_____. **Reflexões sobre o serviço social e o projeto ético-político profissional**. Palestra proferida em 10 nov. 2005. Departamento de Serviço Social da Universidade Estadual de Ponta Grossa, PR. Transcrição de Jussara Ayres Bourguignon, mar. 2006.

MARTINS, D. C. S. et al. A democracia e o serviço social. **Revista Interfaces**, v. 2, n. 5, ano 2, 2014.

MEIRELLES, L. **Os filósofos pré-socráticos**: filósofos da natureza. Disponível em: <http://www.paradigmas.com.br/index.php/revista/edicoes-31-a-40/edicao-33/287-os-filosofos-pre-socraticos-filosofos-da-natureza>. Acesso em: 4 maio 2018.

MENDES, J. **Princípios, valores e virtudes**. Disponível em: <https://www.trf5.jus.br/downloads/userupload/2c7ce39ec4/PrincipiosValoresVirtudes.pdf>. Acesso em: 4 maio 2018.

MENEZES, V. **Dogmatologia**. Cubatão: Clube de Autores, 2015.

MIRANDA, V. R. **A diferença entre princípios e valores**. 6 set. 2016. Disponível em: <https://osegredo.com.br/2016/09/diferenca-entre-principios-e-valores/>. Acesso em: 4 maio 2018.

MONTAGNA, L. A. **A ética como elemento de harmonia social em Santo Agostinho**. 2. ed. Sarandi: Humanitas

Vivens, 2009. Disponível em: <http://doczz.com.br/doc/172727/leomar-antonio-montagna>. Acesso em: 4 maio 2018.

MOTA, A. M. A. Projeto ético-político do serviço social: limites e possibilidades. **Textos & Contextos**, Porto Alegre, v. 10, n. 1, p. 56-68, jan./jul. 2011.

NEOLIBERALISMO. **Significados**. Disponível em: <https://www.significados.com.br/neoliberalismo/>. Acesso em: 4 maio 2018.

NETTO, J. A construção do projeto ético-político do serviço social. In: MOTA, A. E. et al. (Org.). **Serviço social e saúde**: formação e trabalho profissional. São Paulo: Cortez, 2006. P 141-160.

_____. **A construção do projeto ético-político do serviço social**. Brasília: CEAD/ABEPSS/CFESS, 1999. Capacitação em Serviço Social e Política Social, Módulo 1.

_____. **Capitalismo monopolista e serviço social**. 4. ed. São Paulo: Cortez, 2001.

_____. **Ditadura e serviço social**: uma análise do serviço social no Brasil pós-64. São Paulo: Cortez, 2005.

NUNES, R. A. C. A escolástica. In: _____. **História da educação na Idade Média**. São Paulo: Edusp, 1979. Cap. IX. p. 243-286.

OBJETIVAÇÃO. **Dicionário online de português**. Disponível em: <https://www.dicio.com.br/objetivacao/>. Acesso em: 4 maio 2018.

OLIVEIRA, A. R. **Ética profissional**. Belém: IFPA; Santa Maria: UFSM, 2012. Disponível em: <http://estudio01.proj.ufsm.br/cadernos/ifpa/tecnico_metalurgica/etica_profissional.pdf>. Acesso em: 4 maio 2018.

OLIVEIRA, C. B. de. A evolução do conceito de ética. **Dirigir, História e Cultura**, abr./jun. 2007. Disponível em: <http://livrozilla.com/doc/939196/evolu%C3%A7%C3%A3o-do-conceito-de-%C3%A9tica>. Acesso em: 4 maio 2018.

OLIVEIRA, L. G. de. **O livro dos mortos do antigo Egito**. São Paulo: Hemus, 1982.

ORTIZ, F. G. Serviço social e ética: a constituição de uma imagem social renovada. In: FORTI, V.; GUERRA, Y. (Org.). **Ética e direitos**: ensaios críticos. Rio de Janeiro: Lumen Juris, 2010. (Coletânea Nova de Serviço Social). p. 123-138.

PAIVA, B. A.; SALES, M. A. A nova ética profissional: práxis e princípios. In: BONETTI, D. A. (Org.). **Serviço social e ética**:

convite a uma nova práxis. 4. ed. São Paulo: Cortez, 2001. p. 174-207.

PENNA, E. S. F. **Conceitos de ética no cenário contemporâneo**: análise das concepções de ética de empregados em uma multinacional. Disponível em: <http://www.fucape.br/premio_excelencia_academica/upld/trab/9/erica.pdf>. Acesso em: 4 maio 2018.

PEREIRA, S. F. A. O assistente e a liberdade do assistido. **Revista de Serviço Social**, ano 2, n. 23, p. 9-14, 1940.

PIANA, M. C. **A construção do perfil do assistente social no cenário educacional**. São Paulo: Ed. da Unesp/Cultura Acadêmica, 2009. Disponível em: <https://static.scielo.org/scielobooks/vwc8g/pdf/piana-9788579830389.pdf>. Acesso em: 4 maio 2018.

RAMOS, F. P. A evolução conceitual da ética. **Para entender a história...**, ano 3, p. 1-12, 2012. Disponível em: <http://fabiopestanaramos.blogspot.com.br/2012/03/evolucao-conceitual-da-etica.html>. Acesso em: 4 maio 2018.

ROCHA, Z. Ética, cultura e crise ética de nossos dias. **Síntese**, Belo Horizonte, v. 34, n. 108, p. 115-131, 2007. Disponível em: <http://faje.edu.br/periodicos/index.php/Sintese/article/view/file/227/416>. Acesso em: 4 maio 2018.

SALIS, V. D. **Édipo**: Messias ou complexo? 4. ed. São Paulo: Clube de Autores, 2014.

SÁNCHEZ VÁZQUEZ, A. **Ética**. Rio de Janeiro: Civilização Brasileira, 2011.

SANTOS, P. V. dos. A mulher e a instituição do casamento no Egito Antigo: da liberdade às restrições morais. In: SIMPÓSIO NACIONAL DE HISTÓRIA, 23., 2005, Londrina. **Anais...** Disponível em: <http://anais.anpuh.org/wp-content/uploads/mp/pdf/ANPUH.S23.1485.pdf>. Acesso em: 4 maio 2018.

SILVA, C. N. da. A presença de postulados tomistas na gênese do Serviço Social. **Semina: Ciências Sociais e Humanas**, Londrina, v. 24, p. 87-100, set. 2003. Disponível em: <http://www.uel.br/revistas/uel/index.php/seminasoc/article/view/3839/3083>. Acesso em: 4 maio 2018.

SILVA, E. G. B. da. **Ética profissional**. Alegrete: Instituto Federal Farroupilha, 2012.

SILVA, L. R. M. da. Ética na Grécia Antiga: definição da ética pelos três maiores pensadores da Grécia Antiga: "Sócrates, Platão e Aristóteles". Universidade Paulista (Unip), Araçatuba, 2015.

SILVEIRA, D. As virtudes em Aristóteles. **Revista de Ciências Humanas**. v. 1, n. 1, p. 41-71, 2000. Disponível em: <http://revistas.fw.uri.br/index.php/revistadech/article/viewFile/203/372>. Acesso em: 4 maio 2018.

SOUZA, D. de. A excelência moral e as origens da ética grega. **Princípios**, Natal, v. 14, n. 21, p. 147-174, jan./jun. 2007. Disponível em: <https://periodicos.ufrn.br/principios/article/view/496/428>. Acesso em: 4 maio 2018.

TELLES, G. U. A habitação e a moral. **Revista de Serviço Social**, São Paulo, ano 2, n. 2, n. 21, p. 8, 9, 14, 1940a.

_____. Formação moral do assistente social. **Revista de Serviço Social**, São Paulo, ano 2, n. 14, p. 4-6, 1940b.

UNESCO. **Declaração Universal dos Direitos Humanos adotada e proclamada pela resolução da Assembleia Geral das Nações Unidas em 10 de dezembro de 1948**. Brasília: Representação da UNESCO no Brasil 1998. Disponível em: <http://unesdoc.unesco.org/images/0013/001394/139423por.pdf>. Acesso em: 4 maio 2018.

VALLS, Á. L. M. **O que é ética**. 9. ed. São Paulo: Brasiliense, 1994.

VINAGRE, M. Ética, direitos humanos e projeto profissional emancipatório. In: FORTI, V.; GUERRA, Y. (Org.). **Ética e direitos**: ensaios críticos. Rio de Janeiro: Lumen Juris, 2010. (Coletânea Nova de Serviço Social). p. 107-122.

WALLIS BUDGE, E. A. **A religião egípcia**. São Paulo: Pensamento, 1993.

_____. **O livro egípcio dos mortos**. São Paulo: Pensamento: 1990.

YAMAMOTO, O. H. 50 anos de profissão: responsabilidade social ou projeto ético-político? **Psicologia: Ciência e Profissão**, v. 32, p. 6-17, 2012. Disponível em: <http://www.redalyc.org/articulo.oa?id=282024795002>. Acesso em: 4 maio 2018.

ZANGELMI, A. C. B. Z. **Evolução dos princípios éticos**. 4 set. 2009. Disponível em: <https://www.google.com.br/url?sa=t&rct=j&q=&esrc=s&source=web&cd=1&cad=rja&uact=8&ved=0ahUKEwj5jbGd47LYAhUHkZAKHcP9A1MQFggnMAA&url=http%3A%2F%2Fcvirtual-ex-func-nu.bvs.br%2Ftiki-download_file.php%3FfileId%3D69&usg=AOvVaw3wsDf6CA5IXKJB3fPIUQBi>. Acesso em: 4 maio 2018.

Anexos

Anexo I

CÓDIGO DE ÉTICA PROFISSIONAL DOS ASSISTENTES SOCIAIS
(Aprovado em Assembleia Geral da Associação Brasileira de Assistentes Sociais (ABAS) – Seção São Paulo, em 29-IX-1947)[1]

INTRODUÇÃO

I – Moral ou Ética pode ser conceituada como a ciência dos princípios e das normas que se devem seguir para fazer o bem e evitar o mal.

II – A moral aplicada a uma determinada profissão recebe o nome de **ÉTICA PROFISSIONAL**;

---

1 CFAS – Conselho Federal de Assistentes Sociais. **Código de Ética Profissional dos Assistentes Sociais, de 29 de setembro de 1947**. Disponível em: <http://www.cfess.org.br/arquivos/CEP_1947.pdf>. Acesso em: 4 maio 2018.

relacionada esta com o Serviço Social, pode ser chamada de **DEONTOLOGIA DO SERVIÇO SOCIAL**.

III – A importância da Deontologia do Serviço Social provém do fato de que o Serviço Social não trata apenas de fator material, não se limita à remoção de um mal físico, ou a uma transação comercial ou monetária: trata com pessoas humanas desajustadas ou empenhadas no desenvolvimento da própria personalidade.

IV – A observância dos princípios da Deontologia do Serviço Social exige, da parte do Assistente Social, uma segura formação em todos os ramos da Moral.

SECÇÃO I
DEVERES FUNDAMENTAIS

É dever do Assistente Social:

1. Cumprir os compromissos assumidos, respeitando a lei de Deus, os direitos naturais do homem, inspirando-se, sempre em todos seus atos profissionais, no bem comum e nos dispositivos da lei, tendo em mente o juramento prestado diante do testemunho de Deus.
2. Guardar rigoroso sigilo, mesmo em depoimentos policiais, sobre o que saiba em razão do seu ofício.
3. Zelar pelas prerrogativas de seu cargo ou funções e respeitar as de outrem.
4. Recusar sua colaboração ou tomar qualquer atitude que considere ilegal, injusta ou imoral.
5. Manter uma atitude honesta, correta, procurando aperfeiçoar sua personalidade e dignificar a profissão.
6. Levar ao conhecimento do órgão competente da ABAS Seção São Paulo, qualquer transgressão deste Código.
7. Manter situação ou atitude habitual de acordo com as leis e bons costumes da comunidade.

SECÇÃO II
DEVERES PARA COM O BENEFICIÁRIO DO SERVIÇO SOCIAL
I – **É dever do Assistente Social**
1. Respeitar no beneficiário do Serviço Social a dignidade da pessoa humana, inspirando-se na caridade cristã.
2. Aplicar todo zelo, diligência e recursos da ciência no trabalho a realizar e nunca abandonar um trabalho iniciado, sem justo motivo.

II – **Não é permitido ao Assistente Social**
Aceitar remuneração de um beneficiário de uma organização, por serviços prestados em nome desta.

SECÇÃO III
DEVERES PARA COM OS COLEGAS
I – **É dever do Assistente Social**
1. Tratar os colegas com perfeita cortesia, evitando fazer quaisquer alusões ou comentários desairosos sobre sua conduta na vida privada e profissional.
2. Abster-se de discutir em público sobre assunto de interesse exclusivo e reservado da classe.

II – **Não é permitido ao Assistente Social**
1. Pronunciar-se sobre serviço confiado a outro Assistente Social, ainda que tenha em vista o bem do Serviço Social, sem conhecer os fundamentos da opinião daquele, e sem contar com seu expresso consentimento.
2. Aceitar funções ou encargos anteriormente confiados a um Assistente Social sem antes procurar informar-se da razão da dispensa deste, de sorte a não aceitar a substituição desde que esta implique em desmerecimento para a classe.

SECÇÃO IV
DEVERES PARA COM A ORGANIZAÇÃO ONDE TRABALHA
I – É dever do Assistente Social
1. Pautar suas atividades por critério justo e honesto, empregando todo o esforço em prol da dignidade e elevação das funções exercidas.
2. Tratar os superiores com respeito, o que não implica restrição de sua independência quanto às suas atribuições em matéria específica de Serviço Social.

II – Não é permitido ao Assistente Social
1. Alterar ou deturpar intencionalmente depoimentos, documentos, relatórios e informes de natureza vária, para iludir seus superiores ou quaisquer outros fins.
2. Valer-se da influência do seu cargo para usufruir, ilicitamente, vantagens de ordem moral ou material.
3. Prevalecer-se de sua situação para melhoria de proventos próprios em detrimento de outrem.
4. Prejudicar a execução de tarefas reclamadas pela natureza do seu cargo, ocupando-se de assuntos estranhos ao mesmo durante as horas de serviço.

SECÇÃO V
DISPOSIÇÕES GERAIS
1. Qualquer alteração no presente Código somente poderá ser feita em assembleia geral da ABAS, Secção São Paulo, especialmente convocada para esse fim.
2. O presente Código entrará em vigor na data de sua publicação.

Anexo II

CÓDIGO DE ÉTICA PROFISSIONAL DO ASSISTENTE SOCIAL
(Aprovado a 8 de Maio de 1965)[1]

INTRODUÇÃO
Considerando que:
A formação da consciência profissional é fator essencial em qualquer profissão e que um Código de Ética constitui valioso instrumento de apoio e orientação para os Assistentes Sociais;

O Serviço Social adquire no mundo atual uma amplitude técnica e científica, impondo aos membros da profissão maiores encargos e responsabilidades;

Só à luz de uma concepção de vida, baseada na natureza e destino do homem, poderá de fato o Serviço Social desempenhar a tarefa que lhe cabe na complexidade do mundo moderno;

Um Código de Ética se destina a profissionais de diferentes credos e princípios filosóficos, devendo ser aplicável a todos.

O Conselho Federal de Assistentes Sociais – CFAS, no uso suas atribuições conferidas pelo item IV art. 9° do Regulamento aprovado pelo Decreto 994 de 15 de maio de 1962, resolve aprovar o Código de Ética alicerçado nos direitos fundamentais do homem e as exigências do bem comum, princípios estes reconhecidos pela própria filosofia do Serviço Social.

CAPÍTULO I
DA PROFISSÃO
Art. 1º – O Serviço Social constitui o objeto da profissão liberal de assistente social, de natureza técnico-científica e cujo o exercício é regulado em todo o território nacional pela Lei n. 3.252 de

---
[1] CFAS – Conselho Federal de Assistentes Sociais. **Código de Ética Profissional do Assistente Social, de 8 de maio de 1965**. Disponível em: <http://www.cfess.org.br/arquivos/CEP_1965.pdf>. Acesso em: 4 maio 2018.

27-08-1957, cujo Regulamento foi aprovado pelo Decreto n. 994, de 15/05/1962.

Art. 2º – O assistente social, no desempenho da profissão, é obrigado a respeitar as exigências previstas na legislação que lhe é específica, inclusive as contidas neste Código.

Art. 3º – Ao Conselho Federal de Assistentes Sociais (CFAS) e aos Conselhos Regionais de Assistentes Sociais (CRAS), órgãos criados para orientar, disciplinar e fiscalizar o exercício da profissão e do presente Código.

CAPÍTULO II
DOS DEVERES FUNDAMENTAIS

Art. 4º – O assistente social no desempenho das tarefas inerentes a sua profissão deve respeitar a dignidade da pessoa que, por sua natureza é um ser inteligente e livre.

Art. 5º – No exercício de sua profissão, o assistente social tem o dever de respeitar as posições filosóficas, políticas e religiosas daqueles a quem se destina sua atividade, prestando-lhes os serviços que lhe são devidos, tendo-se em vista o princípio de autodeterminação.

Art. 6º – O assistente social deve zelar pela família, grupo natural para o desenvolvimento da pessoa humana e base essencial da sociedade, defendendo a prioridade dos seus direitos e encorajando as medidas que favoreçam a sua estabilidade e integridade.

Art. 7º – Ao assistente social cumpre contribuir para o bem comum, esforçando-se para que os maiores números de criaturas humanas dele se beneficiem, capacitando indivíduos, grupos e comunidades para sua melhor integração social.

Art. 8º – O assistente social deve colaborar com os poderes públicos na preservação do bem comum e dos direitos individuais, dentro dos princípios democráticos, lutando inclusive para o estabelecimento de uma ordem social justa.

Art. 9º – O assistente social estimulará a participação individual, grupal e comunitária no processo de desenvolvimento, propugnando pela correção dos desníveis sociais.

Art. 10º – O assistente social no cumprimento de seus deveres cívicos colaborará nos programas nacionais e internacionais, que se destinem a atender às reais necessidades de melhoria das condições de vida para a sua pátria e para humanidade.

Art. 11º – Ao assistente social cumpre respeitar a justiça em todas as suas formas: comutativa, distributiva e social, lutando para o seu fiel cumprimento, dentro dos princípios de fraternidade no plano nacional e internacional.

Art. 12º – O assistente social conforme estabelece os princípios éticos e a Lei penal, deve pautar toda a sua vida profissional condicionalmente pela verdade.

Art. 13º – O assistente social no exercício de sua profissão deve aperfeiçoar sempre seus conhecimentos, incentivando o progresso, atualização e difusão do Serviço Social.

Art. 14º – O assistente social tem o dever de respeitar as normas éticas das outras profissões, exigidos, outrossim, respeito àquelas relativas ao Serviço Social, quer atuando individualmente ou em equipes.

CAPÍTULO III
DO SEGREDO PROFISSIONAL

Art. 15º – O assistente social é obrigado pela Ética e pela Lei (art. 154 do Código Penal) a guardar segredos sobre todas as confidências recebidas e fatos de que tenha conhecimento ou haja observado no exercício de sua atividade profissional, obrigando-se a exigir o mesmo segredo de todos os seus colaboradores.

§ 1º – Tendo-se em vista exclusivamente impedir um mal maior, será admissível a revelação do segredo profissional para evitar um dano grave, injusto e atual ao próprio cliente, ao assistente social, a terceiros e ao bem comum.

§ 2º – A revelação só será feita, após terem sido empregados todos os recursos e todos os esforços, para que o próprio cliente se disponha a revelá-lo.

§ 3º – A revelação será feita dentro do estrito necessário o mais discretamente possível, quer em relação ao assunto revelado, quer em relação ao grau e ao número de pessoas que dele devam tomar conhecimento.

Art. 16º – Além do segredo profissional, ao qual está moral e legalmente sujeito, o assistente social deve guardar discrição no que concerne ao exercício de sua profissão, sobretudo quanto à intimidade das vidas particulares, dos lares e das instituições onde trabalhe.

Art. 17º – O assistente social não se obriga a depor como testemunha, sobre fatos de que tenha conhecimento profissional, mas intimado a prestar depoimento, deverá comparecer perante à autoridade competente para declarar-lhe que está ligado à obrigação do segredo profissional, de acordo com o art. 144 do Código Civil.

CAPÍTULO IV
DOS DEVERES PARA COM AS PESSOAS, GRUPOS E COMUNIDADES ATINGIDOS PELO SERVIÇO SOCIAL

Art. 18º – O respeito pela pessoa humana, considerado nos arts. 4º e 5º deste Código, deve nortear a atuação do assistente social, mesmo que esta atitude reduza a eficácia imediata da ação.

Art. 19º – O assistente social em seu trabalho junto aos clientes, grupos e comunidades, deve ter o sentido de justiça, empregando o máximo de seus conhecimentos e o melhor de sua capacidade profissional, para a solução dos vários problemas sociais.

Art. 20º – A ação do assistente social será perseverante, a despeito das dificuldades encontradas, não abandonando nenhum trabalho sem justo motivo.

Art. 21º – O assistente social esforçar-se-á para que seja mantido um bom entrosamento entre as agências de Serviço Social e demais obras ou serviços da comunidade, com o objetivo de assegurar mútua compreensão e eficiente colaboração.

§ único – As críticas construtivas que contribuam para o aperfeiçoamento do Serviço Social e entendimento crescente entre as obras, poderão ser feitas pertinentemente e com discrição.

Art. 22º – O assistente social deve interessar-se por todos os grandes problemas sociais da comunidade, dentro de uma perspectiva da realidade brasileira, colaborando com seus recursos pessoais e técnicos, para o desenvolvimento solidário e harmônico do país.

CAPÍTULO V
DOS DEVERES PARA COM OS SERVIÇOS EMPREGADORES

Art. 23º – O assistente social, profissional liberal, tecnicamente independente na execução de seu trabalho, se obriga a prestar contas e seguir diretrizes, emanadas do seu chefe hierárquico, observando as normas administrativas da entidade que o emprega.

Art. 24º – O assistente social tem por dever tratar superiores, colegas e subordinados hierárquicos com o respeito e cortesia devidos, usando discrição, lealdade e justiça no convívio que as obrigações do trabalho impõem.

Art. 25º – O assistente social deve zelar pelo bom nome da entidade que o emprega, prestando-lhe todo esforço para que a mesma alcance com êxito seus legítimos objetivos.

Art. 26º – O assistente social zelará para que seja mantida em seus serviços perfeita organização, fator valioso de eficiência e produtividade, sem, contudo, burocratizar suas funções.

Art. 27º – O assistente social deve ser pontual e assíduo no cumprimento de seus deveres para com a entidade, jamais relegando o seu trabalho para ocupar-se de assuntos estranhos à natureza do seu cargo.

Art. 28º – O assistente social exercerá suas funções com honestidade, obedecendo rigorosamente aos preceitos éticos e às legítimas exigências da entidade, não se prevalecendo de sua situação para obter vantagens.

CAPÍTULO VI
DOS DEVERES PARA COM OS COLEGAS

Art. 29º – O assistente social deve ter uma atitude leal, de solidariedade e consideração a seus colegas, abstendo-se de críticas e quaisquer atos suscetíveis de prejudicá-los, observando os deveres de ajuda mútua profissional.

§ único – O espírito de solidariedade não poderá, entretanto, induzir o assistente social a ser conivente com o erro, ou deixar de combater através de processos adequados os atos que infrinjam os princípios éticos e os dispositivos legais que regulam o exercício da profissão.

Art. 30º – O assistente social não aceitará cargo ou função anteriormente ocupados por um colega, cuja desistência tenha ocorrido por razões de ética profissional, previstas no presente Código, desde que mantidas as razões determinantes do afastamento.

CAPÍTULO VII
DAS ASSOCIAÇÕES DE CLASSE

Art. 31º – O assistente social deve colaborar com os órgãos representativos de sua classe, zelando pelas suas prerrogativas, no sentido de um aperfeiçoamento cada vez maior do Serviço Social e dignificação da profissão.

§ único – O assistente social não deve excursar-se sem justa causa, de prestar aos órgãos de classe qualquer colaboração solicitada no âmbito profissional.

Art. 32º – É dever de todo assistente social representar, junto aos órgãos de classe, sobre assunto de interesse profissional geral ou pessoal e do bem comum.

CAPÍTULO VIII
DO TRABALHO EM EQUIPE

Art. 33º – O assistente social deve exercer as suas funções na equipe com imparcialidade, independente de sua posição hierárquica.

Art. 34º – O trabalho em equipe não diminui a responsabilidade de cada profissional pelos seus atos e funções, devendo, na sua atuação, colaborar para o êxito do trabalho em comum.

CAPÍTULO IX
DA RESPONSABILIDADE E DA PRESERVAÇÃO DA DIGNIDADE PROFISSIONAL

Art. 35º – O assistente social responderá civil e penalmente por atos profissionais danosos a que tenha dado causa no exercício de sua profissão, por ignorância culpável, omissão, imprudência, negligência, colaboração ou má-fé.

Art. 36º – Além do respeito às disposições legais, a responsabilidade moral deve ser o alicerce em que se assentará o trabalho do assistente social, pois na consciência reta estará a maior garantia do respeito e exercício dos direitos individuais e sociais.

Art. 37º – Todo assistente social, mesmo fora do exercício de sua profissão, deverá abster-se de qualquer ação que possa desaboná-lo, procurando firmar sua conduta pessoal por elevado padrão ético, contribuindo para bom conceito da profissão.

Art. 38º – É de responsabilidade do assistente social zelar pelas prerrogativas de seu cargo ou funções, bem como respeitar as de outrem.

CAPÍTULO X
DA APLICAÇÃO E OBSERVÂNCIA DO CÓDIGO

Art. 39º – Todos os que exercem a profissão de assistente social têm o dever de acatar as decisões deste Código, e ao inscreverem-se no respectivo Conselho Regional de Assistentes Sociais (CRAS), deverão declarar conhecê-lo, comprometendo-se, por escrito, a respeitá-lo.

Art. 40º – Compete aos Conselhos Regionais de Assistentes Sociais em primeira instância, a apuração de faltas cometidas contra este Código, bem como, a aplicação de penalidades, cabendo recursos ao Conselho Federal de Assistentes Sociais (CFAS), conforme estabelecem os arts. 9º e 12º do Regulamento aprovado pelo Decreto n. 994, 15/05/1962.

Art. 41º – Os infratores ao presente Código estão sujeitos às seguintes medidas disciplinares:
a. Advertência confidencial;
b. Censura confidencial;
c. Censura pública;
d. Suspensão do exercício da profissão;
e. Cassação do exercício profissional.

Art. 42º – Os processos relativos às infrações do presente Código obedecerão ao disposto no Regimento Interno do Conselho Federal de Assistentes Sociais (CFAS) (cap. IV – art. 13º a 17º) e as normas contidas em "Instruções" especialmente baixadas pelo Conselho para este fim.

Art. 43º – É dever de todos os assistentes sociais zelar pela observância das normas contidas neste Código, dar conhecimento no

Conselho Regional de Assistentes Sociais (CRAS) da respectiva Região, com princípios éticos nele contidos.

§ único – Em caso de dúvida sobre o enquadramento de determinado fato nos princípios contidos neste Código, o assistente social poderá formular ao respectivo Conselho Regional de Assistentes Sociais (CRAS) consulta que, não assumindo caráter de denúncia, incorrerá nas mesmas exigências de discrição e fundamentação.

CAPÍTULO XI
DAS DISPOSIÇÕES GERAIS

Art. 44º – Caberá ao Conselho Federal de Assistentes Sociais (CFAS) qualquer alteração do presente Código, consultando os Conselhos Regionais de Assistentes Sociais (CRAS), competindo, ainda àquele órgão, como Tribunal Superior de Ética Profissional, firmar jurisprudência na aplicação do mesmo e ainda nos casos omissos.

Art. 45º – Caberá ao Conselho Federal de Assistentes Sociais (CFAS) e aos Conselhos Regionais de Assistentes Sociais (CRAS) promoverem a mais ampla divulgação deste Código, de modo que seja do pleno conhecimento de entidades nas quais se desenvolvam programas de Serviço Social.

Art. 46º – O presente Código entrará em vigor na data de sua publicação.

Rio de Janeiro, 8 de maio de 1965.

Anexo III

CÓDIGO DE ÉTICA PROFISSIONAL DO ASSISTENTE SOCIAL
(Aprovado em 30 de Janeiro de 1975)[1]

INTRODUÇÃO AO CÓDIGO DE ÉTICA PROFISSIONAL DO ASSISTENTE SOCIAL

A regulamentação do exercício de determinada profissão pressupõe:

1. Tratar-se de profissão organizada;
2. Interessar à defesa da sociedade.

Constitui ponto pacífico exigir-se que uma profissão satisfaça os seguintes requisitos essenciais:

1. Conjunto de conhecimentos organizados, constantemente ampliado e aprimorado, e de técnicas especiais baseadas no mesmo;
2. Facilidade de formação sistemática nesse conjunto e em suas aplicações práticas;
3. Identificação da profissão e qualificação para ingresso;
4. Agremiação constituída de número apreciável de membros credenciados para o exercício profissional, e capaz de influir na manutenção de padrões convenientes;
5. Código de ética profissional.

Regulamentar uma profissão antes de corresponder aos reclamos da classe, atende ao mais elevado e marcante interesse social.

Exigências do bem comum legitimam, com efeito, a ação disciplinadora do Estado, conferindo-lhe o direito de dispor sobre as atividades profissionais – formas de vinculação do homem à ordem social, expressões concretas de participação efetiva na vida da sociedade.

---

1 CFAS – Conselho Federal de Assistentes Sociais. **Código de Ética Profissional do Assistente Social, de 30 de janeiro de 1975**. Disponível em: <http://www.cfess.org.br/arquivos/CEP_1975.pdf>. Acesso em: 4 maio 2018.

As profissões envolvem ingredientes indispensáveis à composição do bem total humano, encerram valores sociais inestimáveis, como honestidade e verdade. A profissão é mais do que um trabalho orientado para a subsistência dos que a exercem: é um dos fundamentos da estruturação da sociedade, de sua organização em uma diversidade de grêmios profissionais e representa valioso instrumento de defesa social.

Em síntese, na dialética homem-sociedade deve assegurar-se mais ser do Homem, a partir de:

- Subsistência digna;
- Direito a um "status" social;
- Direito de associação;
- Direito de intervenções pertinentes; e, por outro lado, salvaguardar-se o bem da sociedade;
- De busca de valores que respondem às exigências do dever;
- De legislação fiel ao interesse geral;
- De instituições adequadas ao meio social;
- De oferecimento de condições de vida humana digna, atendendo a aspectos curativos e preventivos;
- De composição do bem total humano.

Esta, a essência de um Código de Ética Profissional, garantia de respeito aos direitos humanos e de fidelidade ao interesse social.

Em nosso País, os requisitos inicialmente referidos e essência ora aludida são evidenciados no tocante à profissão do assistente social.

O Código, a estruturação legal e a probidade técnico-científica, constituem a trilogia sobre a qual se assenta a realização do Assistente Social, como profissional.

O valor central que serve de fundamento ao Serviço Social é a pessoa humana. Reveste-se de essencial importância uma concepção personalista que permita ver a pessoa humana como o centro, objeto e fim da vida social.

Dois valores são essenciais à plena realização da pessoa:

- Bem comum considerado como conjunto das condições materiais e morais concretas nas quais cada cidadão poderá viver humana e livremente;

※ Justiça social, que compreende tanto o que os membros devem ao bem comum, como o que a comunidade deve aos particulares em razão desse bem.

É fora de dúvida que a comunidade profissional é daquelas formas sociais que são conaturais, coessenciais ao homem, e condicionantes de um certo desenvolvimento histórico da civilização.

Os postulados versados nesta Introdução justificam por que o Serviço Social, no dinamismo de sua atuação, exige contínua referência aos princípios de:

I. Autodeterminação – que possibilita a cada pessoa, física ou jurídica, o agir responsável, ou seja, o livre exercício da capacidade de escolha e decisão;
II. Participação – que é presença, cooperação, solidariedade ativa e corresponsabilidade de cada um, nos mais diversificados grupos que a convivência humana possa exigir;
III. Subsidiariedade que é elemento regulador das relações entre os indivíduos, instituições ou comunidades, nos diversos planos de integração social.

Com base nestes princípios e naqueles valores axiais, explicitam-se direitos e deveres do Assistente Social, no Código de Ética Profissional.

CÓDIGO DE ÉTICA DO ASSISTENTE SOCIAL

TÍTULO I
DISPOSIÇÕES GERAIS

Art. 1º – O Assistente Social, no exercício da profissão, está obrigado à observância do presente Código, bem como a fazê-lo cumprir.

Art. 2º – O Conselho Federal de Assistentes Sociais – CFAS e os Conselhos Regionais de Assistentes Sociais – CRAS promoverão a mais ampla divulgação deste Código.

Art. 3º – Compete ao Conselho Federal de Assistentes Sociais – CFAS:
I. Introduzir alteração neste Código, consultados os Conselhos Regionais,

II. Como Tribunal Superior de Ética Profissional, firmar jurisprudência na aplicação deste Código e nos casos omissos.

TÍTULO II
DIREITOS E DEVERES DO ASSISTENTE SOCIAL

CAPÍTULO I
DOS DIREITOS

Art. 4º – São direitos do Assistente Social:

I. Com relação ao exercício profissional:
   a. Desempenho das atividades inerentes à profissão;
   b. Desagravo público por ofensa que atinja sua honra profissional;
   c. Proteção à confidencialidade do cliente;
   d. Sigilo profissional;
   e. Inviolabilidade do domicílio do consultório, dos locais de trabalho e respectivos arquivos;
   f. Livre acesso ao cliente;
   g. Contratação de honorários segundo normas regulamentares;
   h. Representação ao Conselho Regional de Assistentes Sociais – CRAS com jurisdição sobre a sede de suas atividades.
II. Com relação ao "status" profissional:
   a. Reconhecimento do Serviço Social como profissão liberal, incluída entre as de nível universitário;
   b. Garantia das prerrogativas da profissão, e de defesa do que lhe é privativo;
   c. Acesso às oportunidades de aprimoramento da formação profissional.

CAPÍTULO II
DOS DEVERES

Art. 5º – São deveres do Assistente Social:

I. No exercício profissional:
   a. Obedecer aos preceitos da Lei e da Ética;

b. Desempenhar sua atividade com zelo, diligência e consciência da própria responsabilidade;
c. Reconhecer que o trabalho coletivo ou em equipe não diminui a responsabilidade de cada profissional pelos seus atos e funções;
d. Abster-se de atos ou manifestações incompatíveis com a dignidade da profissão;
e. Defender a profissão através de suas entidades representativas;
f. Incentivar o progresso, a atualização e a difusão do Serviço Social e zelar pelo aperfeiçoamento de suas instituições;
g. Respeitar as normas éticas das outras profissões quer atue individualmente ou em equipe;
h. Aperfeiçoar seus conhecimentos.

II. Nas relações com o cliente:
a. Utilizar o máximo de seus esforços, zelo e capacidade profissional em favor ao cliente;
b. Esclarecer o cliente quanto ao diagnóstico, prognóstico, plano e objetivos do tratamento, prestando à família ou aos responsáveis os esclarecimentos que se fizerem necessários.

III. Nas relações com os colegas:
a. Tratar os colegas com lealdade, solidariedade e apreço, auxiliando-se no cumprimento dos respectivos deveres e contribuindo para a harmonia e o prestígio da profissão;
b. Distinguir a solidariedade da conivência com o erro combatê-lo em face dos postulados éticos e da legislação profissional vigente;
c. Respeitar os cargos e funções dos colegas;
d. Recusar cargo ou função anteriormente ocupado por colega, cuja desistência tenha sido devida a razão, não sanada, de ética profissional prevista neste Código;
e. Pautar suas relações com colegas hierarquicamente superiores ou subordinados, pelo presente Código, exigindo a fiel observância de seus preceitos e respeitando seus legítimos direitos;
f. Prestar aos colegas, quando solicitado, orientação técnica.

IV. Nas relações com entidades de classe:
   a. Prestar colaboração de ordem moral, intelectual e material às entidades de classe;
   b. Aceitar e desempenhar função, com interesse e responsabilidade, nas entidades de classe, salvo circunstâncias especiais que justifiquem sua recusa;
   c. Representar perante os órgãos competentes sobre irregularidades ocorridas na administração das entidades de classe;
   d. Denunciar às entidades de classe o exercício ilegal da profissão, sob qualquer forma;
   e. Representar às entidades de classe, encaminhando-lhes comunicação fundamentada sobre infração a princípios éticos, sem desrespeito à honra e dignidade de colegas.
V. Nas relações com instituições:
   a. Cumprir os compromissos assumidos e contratos firmados;
   b. Respeitar a política administrativa da instituição empregadora;
   c. Contribuir para que as instituições destinadas ao trabalho social mantenham um bom entrosamento entre si.
VI. Nas relações com a comunidade:
   a. Zelar pela família, defendendo a prioridade dos seus direitos e encorajando as medidas que favoreçam sua estabilidade e integridade;
   b. Participar de programas nacionais e internacionais destinados à elevação das condições de vida e correção dos desníveis sociais;
   c. Participar de programas de socorro à população, em situação de calamidade pública;
   d. Opinar em matéria de sua especialidade quando se tratar de assunto de interesse da coletividade.
VII. Nas relações com a justiça:
   a. Aceitar designação por autoridade judicial para atuar como perito em assunto de sua competência;
   b. Informar o cliente acerca do sentido e finalidade de sua atuação no desempenho de trabalho de caráter pericial;
   c. Agir, quando perito, com isenção de ânimo e imparcialidade, limitando seu pronunciamento a laudos pertinentes à área de suas atribuições e competências.

VIII. Em relação à publicação de trabalhos científicos:
   a. Indicar de modo claro, em todo trabalho científico, as fontes de informações e bibliografia utilizada;
   b. Dar igual ênfase aos autores e o necessário destaque ao colaborador principal ou ao idealizador, na publicação de pesquisas ou estudos em colaboração.

Art. 6º – É vedado ao Assistente Social:
   a. Usar titulação ou outorgá-la a outrem indevidamente;
   b. Exercer sua autoridade de forma a limitar o direito do cliente de decidir sobre sua pessoa e seu bem-estar;
   c. Divulgar nome, endereço ou outro elemento que identifique o cliente;
   d. Reter, sem justa causa, valores que lhe sejam entregues de propriedade do cliente;
   e. Recusar ou interromper atendimento a cliente, sem prévia justificação;
   f. Criticar de público, na presença de cliente ou de terceiro, erro técnico-cientifico ou ato de colega atentatório à ética;
   g. Prejudicar, direta ou indiretamente, a reputação, situação ou atividade do colega;
   h. Valer-se de posição ocupada na direção de entidade de classe para obter vantagens pessoais, diretamente ou através de terceiros;
   i. Participar de programa com entidade que não respeite os princípios éticos estabelecidos;
   j. Formular, perante cliente, crítica aos serviços da instituição, à atuação de colegas e demais membros da equipe interprofissional;
   k. Oferecer prestação de serviço idêntico por remuneração inferior à que se pague a colega da mesma instituição, e da qual tenha prévia conhecimento;
   l. Aceitar, de terceiro, comissão, desconto ou outra vantagem, direta ou indiretamente relacionada com atividade que esteja prestando à instituição;
   m. Recusar-se, quando denunciante, a prestar declaração que esclareça o fato e as provas de sua denúncia;

n. Recusar-se a depor ou testemunhar em processo ético-profissional, sem justa causa;
o. Divulgar informações ou estudos da instituição ou usufruir de planos e projetos de outros técnicos, salvo quando devidamente autorizado;
p. Valer-se do Serviço Social para objetivos estranhos à profissão ou consentir que outros o façam;
q. Funcionar em perícia quando o caso escape a sua competência ou quando se tratar de questão que envolva cliente, amigo, inimigo ou pessoa da própria família;
r. Apresentar como original, ideia, descoberta ou ilustração que não o seja;
s. Utilizar, sem referência ao autor ou sua autorização expressa, dado, informação ou opinião inédita ou colhida em fonte particular;
t. Prevalecer-se de posição hierárquica para publicar, em seu nome exclusivo trabalho de subordinados e assistentes, embora executado sob sua orientação.

CAPÍTULO III
DO SEGREDO PROFISSIONAL

Art. 7º – O Assistente Social deve observar o segredo profissional:

I. Sobre todas as confidências recebidas, fatos e observações escolhidas no exercício da profissão.
II. Abstendo-se de transcrever informações de natureza confidencial.
III. Mantendo discrição de atitudes nos relatórios de serviço, onde quer que trabalhe.

§1º – O sigilo estender-se-á à equipe interdisciplinar e aos auxiliares, devendo o Assistente Social empenhar-se em sua guarda.

§2º – É admissível revelar segredo profissional para evitar danos grave, injusto e atual ao próprio cliente, ao Assistente Social, a terceiro ou ao bem comum.

§3º – A revelação do sigilo profissional será admitida após se haverem esgotado todos os recursos e esforços para que o próprio cliente se disponha a revelá-lo.

§4º – A revelação será feita dentro do estritamente necessário, o mais discretamente possível, quer em relação ao assunto revelado, quer ao grau e número de pessoas que dele devem tomar conhecimento.

§5º – Não constitui quebra de segredo profissional a revelação de casos de sevícias, castigos corporais, atentados ao pudor, supressão intencional de alimento e uso de tóxicos, com vista à proteção do menor.

Art. 8º – É vedado ao Assistente Social:

I. Investigar documento de pessoa física ou jurídica sem estar devidamente autorizado;
II. Depor como testemunha sobre fato de que tenha conhecimento no exercício profissional;
III. Revelar, quando ligado a contrato que o obrigue a prestar informações, o que não for de natureza pública e que acarrete a queda do segredo profissional.

§único – Intimado a prestar depoimento, deverá o Assistente Social comparecer perante a autoridade competente para declarar-lhe que está obrigado a guardar segredo profissional, nos termos do Código Civil e deste Código.

TÍTULO III
DAS MEDIDAS DISCIPLINARES

Art. 9º – As infrações aos dispositivos do presente Código estão sujeitas às seguintes medidas disciplinares:
   a. Advertências em aviso reservado;
   b. Censura em aviso reservado;
   c. Censura em publicação oficial;
   d. Suspensão do exercício profissional até 30 (trinta) dias;
   e. Cassação do exercício profissional "ad-referendum" do Conselho Federal.

§ único – Ao acusado são garantidas amplas condições para a sua defesa, mesmo quando revel.

TÍTULO IV
DISPOSIÇÕES TRANSITÓRIAS

Art. 10º – O Conselho Federal de Assistentes Sociais, no prazo de 30 (trinta) dias a partir da publicação deste Código, expedirá o Código Processual de Ética para os Conselhos Regionais de Assistentes Sociais.

Art. 11º – O presente Código entrará em vigor dentro de 45 (quarenta e cinco) dias de sua publicação.

Rio de Janeiro, 30 de Janeiro de 1975.

Anexo IV

CÓDIGO DE ÉTICA PROFISSIONAL DO ASSISTENTE SOCIAL
(Aprovado em 09 de Maio de 1986)[1]

INTRODUÇÃO

As ideias, a moral e as práticas de uma sociedade se modificam no decorrer do processo histórico. De acordo com a forma em que esta se organiza para produzir, cria seu governo, suas instituições e sua moral.

A sociedade brasileira no atual momento histórico impõe modificações profundas em todos os processos da vida material e espiritual. Nas lutas encaminhadas por diversas organizações nesse processo de transformação, um novo projeto de sociedade se esboça, se constrói e se difunde uma nova ideologia.

Inserido neste movimento, a categoria de Assistentes Sociais passa a exigir também uma nova ética que reflita uma vontade coletiva, superando a perspectiva a histórica e acrítica, onde os valores são tidos como universais e acima dos interesses de classe. A nova ética é resultado da inserção da categoria nas lutas da classe trabalhadora e, consequentemente, de uma nova visão da sociedade brasileira. Neste sentido, a categoria através de suas organizações, faz uma opção clara por uma prática profissional vinculada aos interesses desta classe. As conquistas no espaço institucional e a garantia da autonomia da prática profissional requerida pelas contradições desta sociedade só poderão ser obtidas através da organização da categoria articulada às demais organizações da classe trabalhadora.

O presente Código de Ética Profissional do Serviço Social é resultado de um amplo processo de trabalho conjunto, desencadeado a partir de 1983. Em diferentes momentos deste processo,

---

[1] CFAS – Conselho Federal de Assistentes Sociais. **Código de Ética Profissional do Assistente Social, de 9 de maio de 1986.** Disponível em: <http://www.cfess.org.br/arquivos/CEP_1986.pdf>. Acesso em: 4 maio 2018.

os Assistentes Sociais foram solicitados através do CFAS/CRAS e demais entidades de organização da categoria a dar contribuições e a participar de comissões, debates, assembleias, seminários e encontros regionais e nacionais. Seu conteúdo expressa princípios e diretrizes norteadores da prática profissional determinados socialmente, e traz a marca da conjuntura atual da sociedade brasileira. Constitui-se em parâmetro para o profissional se posicionar diante da realidade, disciplinando o exercício profissional no sentido de dar garantia à nova proposta da prática dos Assistentes Sociais.

Os princípios e diretrizes norteadores da prática profissional estão expressos neste Código sob forma de direitos, deveres e proibições, agrupados em títulos e capítulos. Com caráter introdutório, serão destacados aqueles que dão indicações de uma nova ética, tendo como referência o encaminhamento da prática profissional articulada às lutas da classe trabalhadora:

- A devolução das informações colhidas nos estudos e pesquisas aos sujeitos sociais envolvidos.
- O acesso às informações no espaço institucional e o incentivo ao processo de democratização das mesmas.
- A contribuição na alteração da correlação de forças no espaço institucional e o fortalecimento de novas demandas de interesse dos usuários.
- A denúncia das falhas nos regulamentos, normas e programas da instituição e não acatamento de determinação patronal que fira os princípios e diretrizes deste Código.
- O respeito à tomada de decisão dos usuários, ao saber popular e à autonomia dos movimentos e organizações da classe trabalhadora.
- O privilégio ao desenvolvimento de práticas coletivas e o incentivo à participação dos usuários no processo de decisão e gestão institucional.
- A discussão com os usuários sobre seus direitos e os mecanismos a serem adotados na luta por sua efetivação e por novas conquistas; e a reflexão sobre a necessidade de seu engajamento

em movimentos populares e/ou órgãos representativos da classe trabalhadora.
- O apoio às iniciativas e aos movimentos de defesa dos interesses da categoria e à divulgação no espaço institucional das informações de suas organizações.
- A denúncia de agressão e abuso de autoridade às organizações da categoria e aos órgãos competentes.
- O apoio e/ou a participação nos movimentos sociais e organizações da classe trabalhadora.

TÍTULO I
DISPOSIÇÕES GERAIS

Art. 1º – Compete ao Conselho Federal de Assistentes Sociais:
   a. Zelar pela observância dos princípios e diretrizes deste Código, fiscalizando as ações dos Conselhos Regionais e a prática exercida pelos profissionais, instituições e organizações na área do Serviço Social;
   b. Introduzir alteração neste Código, através de uma ampla participação da categoria, num processo desenvolvido em ação conjunta com os Conselhos Regionais;
   c. Como Tribunal Superior de Ética Profissional, firmar jurisprudência na observância deste Código e nos casos omissos.
   § único – Compete aos Conselhos Regionais, nas áreas de suas respectivas jurisdições, zelar pela observância dos princípios e diretrizes deste Código, e funcionar como órgão julgador de primeira instância.

TÍTULO II
DOS DIREITOS E DAS RESPONSABILIDADES GERAIS DO ASSISTENTE SOCIAL

CAPÍTULO I
DOS DIREITOS

Art. 2º – Constituem-se direitos do Assistente Social:
   a. Desempenhar suas atividades profissionais, com observância da legislação em vigor;

b. Livre exercício das atividades inerentes à profissão;
c. Livre acesso aos usuários de seus serviços;
d. Participação na elaboração das Políticas Sociais e na formulação de programas sociais;
e. Inviolabilidade do domicílio, do local de trabalho e respectivos arquivos e documentação;
f. Desagravo público por ofensa que atinja a sua honra profissional;
g. Remuneração por seu trabalho profissional definida pelas organizações sindicais, estaduais e nacionais, articuladas à luta geral da classe trabalhadora;
h. Acesso às oportunidades de aprimoramento profissional;
i. Participação em manifestações de defesa dos direitos da categoria e dos interesses da classe trabalhadora;
j. Participação nas entidades representativas e de organização da categoria;
k. Pronunciamento em matéria de sua especialidade;
l. Acesso às informações no espaço institucional que viabilizem a prática profissional.

CAPÍTULO II

DOS DEVERES

Art. 3º – Constituem deveres do Assistente Social:
a. Desempenhar suas atividades profissionais, com observância da legislação em vigor;
b. Devolver as informações colhidas nos estudos e pesquisas aos sujeitos sociais envolvidos, no sentido de que estes possam usá-los para o fortalecimento dos interesses da classe trabalhadora;
c. Democratizar as informações disponíveis no espaço institucional, como dos mecanismos indispensáveis à participação social dos usuários;
d. Aprimorar de forma contínua os seus conhecimentos, colocando-os a serviço do fortalecimento dos interesses da classe trabalhadora;

e. Denunciar, no exercício da profissão, às organizações da categoria, às autoridades e aos órgãos competentes, qualquer forma de agressão à integridade física, social e mental, bem como abuso de autoridade individual e institucional;
f. Utilizar seu número de registro no Conselho Regional no exercício da profissão.

CAPÍTULO III
DO SIGILO PROFISSIONAL

Art. 4º – O Assistente Social deve observar o sigilo profissional, sobre todas as informações confiadas e/ou colhidas no exercício profissional.

§1º – A quebra do sigilo só é admissível, quando se tratar de situação cuja gravidade possa trazer prejuízos aos interesses da classe trabalhadora.

§2º – A revelação será feita dentro do estritamente necessário, quer em relação ao assunto revelado, quer ao grau e número de pessoas que dele devam tomar conhecimento.

Art. 5º – É vedado ao Assistente Social:
a. Depor como testemunha sobre situação de que tenha conhecimento no exercício profissional;
b. Revelar sigilo profissional:
§ único – Intimado a prestar depoimento, deverá o Assistente Social comparecer perante a autoridade competente para declarar que está obrigado a guardar sigilo profissional, nos termos do Código Civil e deste Código.

TÍTULO III
DAS RELAÇÕES PROFISSIONAIS

CAPÍTULO I
DAS RELAÇÕES COM OS USUÁRIOS

Art. 6º – São deveres do Assistente Social nas suas relações com os usuários:

a. Discutir com os usuários seus direitos e os mecanismos a serem adotados na sua efetivação e em novas conquistas;
b. Refletir com os usuários os limites de sua atuação profissional no sentido de dimensionar as possibilidades reais de sua prática no encaminhamento das lutas conjuntas, bem como identificar os mecanismos de superação dos mesmos;
c. Contribuir para que os usuários utilizem os recursos institucionais como um direito conquistado pela classe trabalhadora;
d. Criar, na discussão conjunta, mecanismos, que venham desburocratizar a relação com os usuários no sentido de agilizar e melhorar os serviços prestados;
e. Privilegiar práticas coletivas com os usuários no sentido de possibilitar a sua participação no processo de decisão e gestão institucional;
f. Discutir com os usuários sobre a utilização dos recursos sociais, para evitar deslocamentos desnecessários na busca de atendimento às suas necessidades;
g. Refletir com os usuários sobre a importância de seu engajamento em movimentos populares e/ou órgãos representativos da classe trabalhadora;
h. Respeitar, no relacionamento com o usuário, o seu direito à tomada de decisões, o saber popular e a autonomia dos movimentos e organizações da classe trabalhadora.

Art. 7º – É vedado ao Assistente Social:
a. Exercer sua autoridade de forma a limitar ou cercear o direito de participação e decisão dos usuários;
b. Bloquear o acesso dos usuários aos serviços sociais oferecidos pelas instituições através de atitudes que venham coagir e/ou desrespeitar aqueles que buscam o atendimento de seus direitos sociais.

CAPÍTULO II
DAS RELAÇÕES COM AS INSTITUIÇÕES

Art. 8º – São direitos do Assistente Social:

a. Administrar, executar e repassar os serviços sociais, influenciando para o fortalecimento de novas demandas de interesse dos usuários;
b. Contribuir para alteração da correlação de forças do interior da instituição para reformulação de sua natureza, estrutura e programa tendo em vista os interesses da classe trabalhadora.

Art. 9º – O Assistente Social no exercício de sua profissão em entidade pública ou privada terá garantia de condições adequadas de trabalho, o respeito a sua autonomia profissional e dos princípios éticos estabelecidos.

Art. 10º – Constituem deveres do Assistente Social na relação com a instituição:
a. Atender às demandas institucionais em termos de programar, administrar, executar e repassar os serviços sociais aos usuários;
b. Denunciar falhas nos regulamentos, normas e programas da instituição em que trabalha, quando os mesmos estiverem ferindo os princípios e diretrizes contidos neste Código, as necessidades, os direitos e os interesses da classe trabalhadora;
c. Dirigir-se, obrigatoriamente, ao Conselho Regional de Assistentes Sociais, às demais entidades da categoria e a outras a que a matéria disser respeito, quando não encontrar ressonância na instituição em termos de modificação das falhas apontadas.

Art. 11º – É vedado ao Assistente Social:
a. Aceitar emprego ou tarefa de colega exonerado, demitido ou transferido em razão do cumprimento das prerrogativas legais da profissão e/ou dos princípios e diretrizes contidos neste Código, enquanto perdurar o motivo da exoneração, demissão ou transferência;
b. Acatar determinação patronal que fira os princípios e diretrizes contidos neste Código, ao prestar serviços com qualquer tipo de vínculo;
c. Emprestar seu nome de Assistente Social a firmas, organizações ou empresas que realizem Serviço Social, sem seu efetivo exercício profissional;

d. Usar ou permitir o tráfico de influência para obtenção de emprego, desrespeitando concursos ou processos seletivos;
e. Utilizar os recursos institucionais para fins eleitorais.

CAPÍTULO III
DAS RELAÇÕES ENTRE PROFISSIONAIS DE SERVIÇO SOCIAL

Art. 12º – Cabe aos Assistentes Sociais manterem entre si a solidariedade que consolida a categoria e fortalece a sua organização.

Art. 13º – O Assistente Social, quando solicitado deverá colaborar com seus colegas, salvo impossibilidade real, decorrente de motivos relevantes.

Art. 14º – A crítica pública a colega deverá ser sempre objetiva, construtiva, comprovável de inteira responsabilidade de seu autor e fundamentada nos preceitos deste Código.

Art. 15º – É vedado ao Assistente Social:
a. Ser conivente com falhas éticas e com erros praticados por outro profissional;
b. Prejudicar deliberadamente a reputação de outro profissional divulgando informações falsas.

Art. 16º – Ao Assistente Social deve ser assegurada a mais ampla liberdade na realização de seus estudos e pesquisas, resguardados os direitos de participação de pessoas ou grupos envolvidos em seus trabalhos.

Art. 17º – É vedado ao Assistente Social:
a. Prevalecer de posição hierárquica para publicar, em seu nome, trabalhos de subordinados, mesmo que executado sob sua orientação;
b. Deturpar dados quantitativos e/ou qualitativos;
c. Apropriar-se de produção científica de outros profissionais.

Art. 18º – O Assistente Social, ao ocupar uma chefia, deve usar a sua autoridade funcional para a liberação, total ou parcial de carga horária de subordinado que desejar se dedicar a estudos e pesquisas relacionadas à prática profissional, dando igual oportunidade a todos.

Art. 19º – É vedado ao Assistente Social:
   a. Permitir ou exercer a supervisão de alunos de Serviço Social em instituições Públicas ou Privadas que não tenham em seus quadros Assistente Social que dê acompanhamento direto ao campo de estágio;
   b. Ser conivente com o exercício de função de direção de órgãos formadores de Assistentes Sociais por outros profissionais.
Art. 20º – O Assistente Social deve respeitar as normas éticas das outras profissões.

CAPÍTULO IV
DAS RELAÇÕES COM AS ENTIDADES DA CATEGORIA E DEMAIS ORGANIZAÇÕES DA CLASSE TRABALHADORA

Art. 21º – O Assistente Social deve defender a profissão através de suas entidades representativas, participando das organizações que tenham por finalidade a defesa dos direitos profissionais, no que se refere à melhoria das condições de trabalho, à fiscalização do exercício profissional e ao aprimoramento científico.
Art. 22º – O Assistente Social deverá apoiar as iniciativas e os movimentos de defesa dos interesses da categoria e divulgar no espaço institucional as informações das suas organizações, no sentido de ampliar e fortalecer o seu movimento.
Art. 23º – É vedado ao Assistente Social valer-se de posição ocupada na direção de Entidade da categoria para obter vantagens pessoais, diretamente ou através de terceiros.
Art. 24º – O Assistente Social ao ocupar uma chefia deve usar a sua autoridade funcional para liberação total ou parcial da carga horária de subordinado que tenha representação ou delegação de entidade de organização da categoria.
Art. 25º – O Assistente Social como profissional e na sua prática social mais geral deve apoiar e/ou participar dos movimentos sociais e organizações da classe trabalhadora que estejam relacionados ao campo de sua atividade profissional, procurando colocar os recursos institucionais a seu serviço.

CAPÍTULO V
DAS RELAÇÕES COM A JUSTIÇA

Art. 26º – O Assistente Social no exercício legal da profissão, quando convocado, deve esclarecer à Justiça em matéria de sua competência, de acordo com a legislação básica da profissão.

§ 1º – O Assistente Social deve informar os usuários acerca do sentido e finalidade de sua atuação no desempenho de tarefa de caráter pericial.

§2º – O Assistente Social ao atuar como perito deve limitar seu pronunciamento a laudos pertinentes a área de suas atribuições, seguindo as diretrizes deste Código.

§3º – O Assistente Social deve considerar-se impedido de atuar em processos de perícias quando a situação não se caracterizar como área de sua competência ou quando se tratar de questão que envolva amigo, inimigo ou membro da própria família.

TÍTULO IV
DA OBSERVÂNCIA, APLICAÇÃO E CUMPRIMENTO DO CÓDIGO DE ÉTICA

Art. 27º – É dever de todo Assistente Social cumprir e fazer cumprir este Código.

Art. 28º – O Assistente Social deve denunciar ao Conselho Regional de Assistentes Sociais, através de comunicação fundamentada, qualquer forma de exercício irregular da profissão, infrações a princípios e diretrizes deste Código e da legislação profissional.

Art. 29º – Cabe aos Assistentes Sociais docentes e supervisores informar, esclarecer e orientar os estudantes, quanto aos princípios e normas contidas neste Código.

Art. 30º – As infrações a este Código de Ética Profissional acarretarão penalidades, desde a advertência à cassação do exercício profissional, na forma dos dispositivos legais e/ou regimentais.

Art. 31º – Constituem infrações disciplinares:
    a. Transgredir preceito do Código de Ética;
    b. Exercer a profissão quando impedido, ou facilitar o seu exercício por quem não esteja devidamente habilitado;

c. Participar de sociedade que, tendo como objeto o Serviço Social, não esteja regularmente inscrita no Conselho;
d. Não pagar regulamente as anuidades.

Art. 32º – São medidas disciplinares aplicáveis pelos Conselhos Regionais:
a. Multa;
b. Advertência em aviso reservado;
c. Advertência pública;
d. Suspensão do exercício profissional;
e. Eliminação dos quadros.

Art. 33º – A pena de multa variará de 1 (um) até 10 (dez) Obrigações do Tesouro Nacional (OTN).

Art. 34º – A pena de advertência, reservada ou pública, será aplicada nos casos previstos nas alíneas a, b e c do artigo 31º.

Art. 35º – A pena de suspensão será aplicada:
a. Nos casos em que couber advertência pública e o autor da infração disciplinar for reincidente;
b. Aos que violarem sigilo profissional;
c. Aos que tenham conduta incompatível com o exercício profissional;
d. Aos que demonstrem inépcia profissional;
e. Na hipótese prevista na alínea d no artigo 31º.

Art. 36º – A pena de eliminação dos quadros será aplicada:
a. Nos casos em que couber a pena de suspensão e o infrator for reincidente;
b. Aos que fizerem falsa prova dos requisitos exigidos para o registro no Conselho;
c. Aos que, suspensos por falta de pagamento das anuidades, deixarem transcorrer 3 (três) anos de suspensão.

Art. 37º – Serão considerados na aplicação das penas os antecedentes profissionais do infrator e as circunstâncias em que ocorreu a infração.

Art. 38º – Às pessoas jurídicas que infringirem, no que couber, os princípios e diretrizes contidos neste Código serão aplicadas as penas de multa ou cancelamento do registro. Às multas serão, nesta hipótese, fixadas entre o mínimo de 20 (vinte) e o máximo de 100 (cem) Obrigação do Tesouro Nacional (OTN).

Art. 39º – As dúvidas na observância deste Código e os casos omissos serão resolvidos pelos Conselhos Regionais de Assistentes Sociais "ad referendum" do Conselho Federal de Assistentes Sociais, a quem cabe firmar jurisprudência conforme alínea "c" do artigo 1º.

Art. 40º – O presente Código entrará em vigor na data de sua publicação no Diário Oficial da União, revogando-se as disposições em contrário.

Rio de Janeiro, 09 de maio de 1986.

Publicado no Diário Oficial da União nº 101, do 02/06/86, Seção I, páginas 7951 e 7952

Anexo V

Código de Ética do/a Assistente Social
Lei 8.662/93 de Regulamentação da Profissão
10º Edição revista e atualizada
Aprovado em 13 de Março de 1993
Com as alterações introduzidas pelas Resoluções CFESS nº 290/94, 293/94, 333/96 e 594/11[1]
[...]

RESOLUÇÃO CFESS N. 273 de 13 março de 1993

Institui o Código de Ética Profissional do/a Assistente Social e dá outras providências.

A Presidente do Conselho Federal de Serviço Social – CFESS, no uso de suas atribuições legais e regimentais, e de acordo com a deliberação do Conselho Pleno, em reunião ordinária, realizada em Brasília, em 13 de março de 1993,

Considerando a avaliação da categoria e das entidades do Serviço Social de que o Código homologado em 1986 apresenta insuficiências;

Considerando as exigências de normatização específicas de um Código de Ética Profissional e sua real operacionalização;

Considerando o compromisso da gestão 90/93 do CFESS quanto à necessidade de revisão do Código de Ética;

Considerando a posição amplamente assumida pela categoria de que as conquistas políticas expressas no Código de 1986 devem ser preservadas;

Considerando os avanços nos últimos anos ocorridos nos debates e produções sobre a questão ética, bem como o acúmulo de reflexões existentes sobre a matéria;

---
1 CFESS – Conselho Federal de Serviço Social. **Código de Ética do/a Assistente Social**. 1993. Disponível em: <http://www.cfess.org.br/arquivos/CEP_CFESS-SITE.pdf>. Acesso em: 24 abr. 2018. p 17-42.

Considerando a necessidade de criação de novos valores éticos, fundamentados na definição mais abrangente, de compromisso com os usuários, com base na liberdade, democracia, cidadania, justiça e igualdade social;

Considerando que o XXI Encontro Nacional CFESS/CRESS referendou a proposta de reformulação apresentada pelo Conselho Federal de Serviço Social;

RESOLVE:

Art. 1º Instituir o Código de Ética Profissional do assistente social em anexo.

Art. 2º O Conselho Federal de Serviço Social – CFESS deverá incluir nas Carteiras de Identidade Profissional o inteiro teor do Código de Ética.

Art. 3º Determinar que o Conselho Federal e os Conselhos Regionais de Serviço Social procedam imediata e ampla divulgação do Código de Ética.

Art. 4º A presente Resolução entrará em vigor na data de sua publicação no Diário Oficial da União, revogadas as disposições em contrário, em especial, a Resolução CFESS nº 195/86, de 09.05.86.

Brasília, 13 de março de 1993.

MARLISE VINAGRE SILVA

A.S. CRESS Nº 3578 7ª Região/RJ

Presidente do CFESS

Introdução

A história recente da sociedade brasileira, polarizada pela luta dos setores democráticos contra a ditadura e, em seguida, pela consolidação das liberdades políticas, propiciou uma rica experiência para todos os sujeitos sociais. Valores e práticas até então secundarizados (a defesa dos direitos civis, o reconhecimento positivo das peculiaridades individuais e sociais, o respeito à diversidade, etc.) adquiriram novos estatutos, adensando o elenco de reivindicações da cidadania. Particularmente para as

categorias profissionais, esta experiência ressituou as questões do seu compromisso ético-político e da avaliação da qualidade dos seus serviços.
Nestas décadas, o Serviço Social experimentou, no Brasil, um profundo processo de renovação. Na intercorrência de mudanças ocorridas na sociedade brasileira com o próprio acúmulo profissional, o Serviço Social se desenvolveu teórica e praticamente, laicizou-se, diferenciou-se e, na entrada dos anos noventa, apresenta-se como profissão reconhecida academicamente e legitimada socialmente. A dinâmica deste processo que conduziu à consolidação profissional do Serviço Social materializou-se em conquistas teóricas e ganhos práticos que se revelaram diversamente no universo profissional. No plano da reflexão e da normatização ética, o Código de Ética Profissional de 1986 foi uma expressão daquelas conquistas e ganhos, através de dois procedimentos: negação da base filosófica tradicional, nitidamente conservadora, que norteava a "ética da neutralidade", e afirmação de um novo perfil do/a técnico/a, não mais um agente subalterno/a e apenas executivo/a, mas um/a profissional competente teórica, técnica e politicamente.
De fato, construía-se um projeto profissional que, vinculado a um projeto social radicalmente democrático, redimensionava a inserção do Serviço Social na vida brasileira, compromissando-o com os interesses históricos da massa da população trabalhadora. O amadurecimento deste projeto profissional, mais as alterações ocorrentes na sociedade brasileira (com destaque para a ordenação jurídica consagrada na Constituição de 1988), passou a exigir uma melhor explicitação do sentido imanente do Código de 1986. Tratava-se de objetivar com mais rigor as implicações dos princípios conquistados e plasmados naquele documento, tanto para fundar mais adequadamente os seus parâmetros éticos quanto para permitir uma melhor instrumentalização deles na prática cotidiana do exercício profissional.
A necessidade da revisão do Código de 1986 vinha sendo sentida nos organismos profissionais desde fins dos anos oitenta. Foi agendada na plataforma programática da gestão 1990/1993 do CFESS. Entrou na ordem do dia com o I Seminário Nacional de Ética (agosto de 1991) perpassou o VII CBAS (maio de 1992) e

culminou no II Seminário Nacional de Ética (novembro de 1992), envolvendo, além do conjunto CFESS/CRESS, a ABESS, a ANAS e a SESSUNE. O grau de ativa participação de assistentes sociais de todo o país assegura que este novo Código, produzido no marco do mais abrangente debate da categoria, expressa as aspirações coletivas dos profissionais brasileiros.

A revisão do texto de 1986 processou-se em dois níveis. Reafirmando os seus valores fundantes – a liberdade e a justiça social –, articulou-os a partir da exigência democrática: a democracia é tomada como valor ético-político central, na medida em que é o único padrão de organização político-social capaz de assegurar a explicitação dos valores essenciais da liberdade e da equidade. É ela, ademais, que favorece a ultrapassagem das limitações reais que a ordem burguesa impõe ao desenvolvimento pleno da cidadania, dos direitos e garantias individuais e sociais e das tendências à autonomia e à autogestão social. Em segundo lugar, cuidou-se de precisar a normatização do exercício profissional de modo a permitir que aqueles valores sejam retraduzidos no relacionamento entre assistentes sociais, instituições/organizações e população, preservando-se os direitos e deveres profissionais, a qualidade dos serviços e a responsabilidade diante do/a usuário/a.

A revisão a que se procedeu, compatível com o espírito do texto de 1986, partiu da compreensão de que a ética deve ter como suporte uma ontologia do ser social: os valores são determinações da prática social, resultantes da atividade criadora tipificada no processo de trabalho. É mediante o processo de trabalho que o ser social se constitui, se instaura como distinto do ser natural, dispondo de capacidade teleológica, projetiva, consciente; é por esta socialização que ele se põe como ser capaz de liberdade. Esta concepção já contém, em si mesma, uma projeção de sociedade – aquela em que se propicie aos/às trabalhadores/as um pleno desenvolvimento para a invenção e vivência de novos valores, o que, evidentemente, supõe a erradicação de todos os processos de exploração, opressão e alienação. É ao projeto social aí implicado que se conecta o projeto profissional do Serviço Social – e cabe pensar a ética como pressuposto teórico político que remete para o enfrentamento das contradições postas à profissão, a partir de uma visão crítica, e fundamentada teoricamente, das derivações ético-políticas do agir profissional.

Código de Ética
Princípios Fundamentais

I. Reconhecimento da liberdade como valor ético central e das demandas políticas a ela inerentes – autonomia, emancipação e plena expansão dos indivíduos sociais;

II. Defesa intransigente dos direitos humanos e recusa do arbítrio e do autoritarismo;

III. Ampliação e consolidação da cidadania, considerada tarefa primordial de toda sociedade, com vistas à garantia dos direitos civis sociais e políticos das classes trabalhadoras;

IV. Defesa do aprofundamento da democracia, enquanto socialização da participação política e da riqueza socialmente produzida;

V. Posicionamento em favor da equidade e justiça social, que assegure universalidade de acesso aos bens e serviços relativos aos programas e políticas sociais, bem como sua gestão democrática;

VI. Empenho na eliminação de todas as formas de preconceito, incentivando o respeito à diversidade, à participação de grupos socialmente discriminados e à discussão das diferenças;

VII. Garantia do pluralismo, através do respeito às correntes profissionais democráticas existentes e suas expressões teóricas, e compromisso com o constante aprimoramento intelectual;

VIII. Opção por um projeto profissional vinculado ao processo de construção de uma nova ordem societária, sem dominação exploração de classe, etnia e gênero;

IX. Articulação com os movimentos de outras categorias profissionais que partilhem dos princípios deste Código e com a luta geral dos/as trabalhadores/as;

X. Compromisso com a qualidade dos serviços prestados à população e com o aprimoramento intelectual, na perspectiva da competência profissional;

XI. Exercício do Serviço Social sem ser discriminado/a, nem discriminar, por questões de inserção de classe social, gênero, etnia, religião, nacionalidade, orientação sexual, idade e condição física.

TÍTULO I
DISPOSIÇÕES GERAIS
Art. 1º Compete ao Conselho Federal de Serviço Social:
  a. zelar pela observância dos princípios e diretrizes deste Código, fiscalizando as ações dos Conselhos Regionais e a prática exercida pelos profissionais, instituições e organizações na área do Serviço Social;
  b. introduzir alteração neste Código, através de uma ampla participação da categoria, num processo desenvolvido em ação conjunta com os Conselhos Regionais;
  c. como Tribunal Superior de Ética Profissional, firmar jurisprudência na observância deste Código e nos casos omissos.
  Parágrafo único Compete aos Conselhos Regionais, nas áreas de suas respectivas jurisdições, zelar pela observância dos princípios e diretrizes deste Código, e funcionar como órgão julgador de primeira instância.

TÍTULO II
DOS DIREITOS E DAS RESPONSABILIDADES GERAIS DO/A ASSISTENTE SOCIAL
Art. 2º Constituem direitos do/a assistente social:
  a. garantia e defesa de suas atribuições e prerrogativas, estabelecidas na Lei de Regulamentação da Profissão e dos princípios firmados neste Código;
  b. livre exercício das atividades inerentes à Profissão;
  c. participação na elaboração e gerenciamento das políticas sociais, e na formulação e implementação de programas sociais;
  d. inviolabilidade do local de trabalho e respectivos arquivos e documentação, garantindo o sigilo profissional;
  e. desagravo público por ofensa que atinja a sua honra profissional;
  f. aprimoramento profissional de forma contínua, colocando-o a serviço dos princípios deste Código;
  g. pronunciamento em matéria de sua especialidade, sobretudo quando se tratar de assuntos de interesse da população;

h. ampla autonomia no exercício da Profissão, não sendo obrigado a prestar serviços profissionais incompatíveis com as suas atribuições, cargos ou funções;
i. liberdade na realização de seus estudos e pesquisas, resguardados os direitos de participação de indivíduos ou grupos envolvidos em seus trabalhos.

Art. 3º São deveres do/a assistente social:
a. desempenhar suas atividades profissionais, com eficiência e responsabilidade, observando a legislação em vigor;
b. utilizar seu número de registro no Conselho Regional no exercício da Profissão;
c. abster-se, no exercício da Profissão, de práticas que caracterizem a censura, o cerceamento da liberdade, o policiamento dos comportamentos, denunciando sua ocorrência aos órgãos competentes;
d. participar de programas de socorro à população em situação de calamidade pública, no atendimento e defesa de seus interesses e necessidades.

Art. 4º É vedado ao/à assistente social:
a. transgredir qualquer preceito deste Código, bem como da Lei de Regulamentação da Profissão;
b. praticar e ser conivente com condutas antiéticas, crimes ou contravenções penais na prestação de serviços profissionais, com base nos princípios deste Código, mesmo que estes sejam praticados por outros/as profissionais;
c. acatar determinação institucional que fira os princípios e diretrizes deste Código;
d. compactuar com o exercício ilegal da Profissão, inclusive nos casos de estagiários/as que exerçam atribuições específicas, em substituição aos/às profissionais;
e. permitir ou exercer a supervisão de aluno/a de Serviço Social em Instituições Públicas ou Privadas que não tenham em seu quadro assistente social que realize acompanhamento direto ao/à aluno/a estagiário/a;
f. assumir responsabilidade por atividade para as quais não esteja capacitado/a pessoal e tecnicamente;

g. substituir profissional que tenha sido exonerado/a por defender os princípios da ética profissional, enquanto perdurar o motivo da exoneração, demissão ou transferência;
h. pleitear para si ou para outrem emprego, cargo ou função que estejam sendo exercidos por colega;
i. adulterar resultados e fazer declarações falaciosas sobre situações ou estudos de que tome conhecimento;
j. assinar ou publicar em seu nome ou de outrem trabalhos de terceiros, mesmo que executados sob sua orientação.

TÍTULO III
DAS RELAÇÕES PROFISSIONAIS

CAPÍTULO I

Das Relações com os/as Usuários/as

Art. 5º São deveres do/a assistente social nas suas relações com os/as usuários/as:
a. contribuir para a viabilização da participação efetiva da população usuária nas decisões institucionais;
b. garantir a plena informação e discussão sobre as possibilidades e consequências das situações apresentadas, respeitando democraticamente as decisões dos/as usuários/as, mesmo que sejam contrárias aos valores e às crenças individuais dos/as profissionais, resguardados os princípios deste Código;
c. democratizar as informações e o acesso aos programas disponíveis no espaço institucional, como um dos mecanismos indispensáveis à participação dos/as usuários/as;
d. devolver as informações colhidas nos estudos e pesquisas aos/às usuários/às, no sentido de que estes possam usá-los para o fortalecimento dos seus interesses;
e. informar à população usuária sobre a utilização de materiais de registro audiovisual e pesquisas a elas referentes e a forma de sistematização dos dados obtidos;
f. fornecer à população usuária, quando solicitado, informações concernentes ao trabalho desenvolvido pelo Serviço Social e as suas conclusões, resguardado o sigilo profissional;

g. contribuir para a criação de mecanismos que venham desburocratizar a relação com os/as usuários/as, no sentido de agilizar e melhorar os serviços prestados;
h. esclarecer aos/às usuários/as, ao iniciar o trabalho, sobre os objetivos e a amplitude de sua atuação profissional.

Art. 6º É vedado ao/à assistente social:
a. exercer sua autoridade de maneira a limitar ou cercear o direito do/a usuário/a de participar e decidir livremente sobre seus interesses;
b. aproveitar-se de situações decorrentes da relação assistente social-usuário/a, para obter vantagens pessoais ou para terceiros;
c. bloquear o acesso dos/as usuários/as aos serviços oferecidos pelas instituições, através de atitudes que venham coagir e/ou desrespeitar aqueles que buscam o atendimento de seus direitos.

CAPÍTULO II

Das Relações com as Instituições Empregadoras e outras

Art. 7º Constituem direitos do/a assistente social:
a. dispor de condições de trabalho condignas, seja em entidade pública ou privada, de forma a garantir a qualidade do exercício profissional;
b. ter livre acesso à população usuária;
c. ter acesso a informações institucionais que se relacionem aos programas e políticas sociais e sejam necessárias ao pleno exercício das atribuições profissionais;
d. integrar comissões interdisciplinares de ética nos locais de trabalho do/a profissional, tanto no que se refere à avaliação da conduta profissional, como em relação às decisões quanto às políticas institucionais.

Art. 8º São deveres do/a assistente social:
a. programar, administrar, executar e repassar os serviços sociais assegurados institucionalmente;
b. denunciar falhas nos regulamentos, normas e programas da instituição em que trabalha, quando os mesmos estiverem

ferindo os princípios e diretrizes deste Código, mobilizando, inclusive, o Conselho Regional, caso se faça necessário;
c. contribuir para a alteração da correlação de forças institucionais, apoiando as legítimas demandas de interesse da população usuária;
d. empenhar-se na viabilização dos direitos sociais dos/as usuários/as, através dos programas e políticas sociais;
e. empregar com transparência as verbas sob a sua responsabilidade, de acordo com os interesses e necessidades coletivas dos/as usuários/as.

Art. 9º É vedado ao/à assistente social:
a. emprestar seu nome e registro profissional a firmas, organizações ou empresas para simulação do exercício efetivo do Serviço Social;
b. usar ou permitir o tráfico de influência para obtenção de emprego, desrespeitando concurso ou processos seletivos;
c. utilizar recursos institucionais (pessoal e/ou financeiro) para fins partidários, eleitorais e clientelistas.

CAPÍTULO III

Das Relações com Assistentes Sociais e outros/as Profissionais

Art. 10 São deveres do/a assistente social:
a. ser solidário/a com outros/as profissionais, sem, todavia, eximir-se de denunciar atos que contrariem os postulados éticos contidos neste Código;
b. repassar ao seu substituto as informações necessárias à continuidade do trabalho;
c. mobilizar sua autoridade funcional, ao ocupar uma chefia, para a liberação de carga horária de subordinado/a, para fim de estudos e pesquisas que visem o aprimoramento profissional, bem como de representação ou delegação de entidade de organização da categoria e outras, dando igual oportunidade a todos/as;
d. incentivar, sempre que possível, a prática profissional interdisciplinar;
e. respeitar as normas e princípios éticos das outras profissões;

f. ao realizar crítica pública a colega e outros/as profissionais, fazê-lo sempre de maneira objetiva, construtiva e comprovável, assumindo sua inteira responsabilidade.

Art. 11 É vedado ao/à assistente social:
a. intervir na prestação de serviços que estejam sendo efetuados por outro/a profissional, salvo a pedido desse/a profissional; em caso de urgência, seguido da imediata comunicação ao/à profissional; ou quando se tratar de trabalho multiprofissional e a intervenção fizer parte da metodologia adotada;
b. prevalecer-se de cargo de chefia para atos discriminatórios e de abuso de autoridade;
c. ser conivente com falhas éticas de acordo com os princípios deste Código e com erros técnicos praticados por assistente social e qualquer outro/a profissional;
d. prejudicar deliberadamente o trabalho e a reputação de outro/a profissional.

CAPÍTULO IV

Das Relações com Entidades da Categoria e demais organizações da Sociedade Civil

Art. 12 Constituem direitos do/a assistente social:
a. participar em sociedades científicas e em entidades representativas e de organização da categoria que tenham por finalidade, respectivamente, a produção de conhecimento, a defesa e a fiscalização do exercício profissional;
b. apoiar e/ou participar dos movimentos sociais e organizações populares vinculados à luta pela consolidação e ampliação da democracia e dos direitos de cidadania.

Art. 13 São deveres do/a assistente social:
a. denunciar ao Conselho Regional as instituições públicas ou privadas, onde as condições de trabalho não sejam dignas ou possam prejudicar os/as usuários/as ou profissionais.
b. denunciar, no exercício da Profissão, às entidades de organização da categoria, às autoridades e aos órgãos competentes, casos de violação da Lei e dos Direitos Humanos, quanto

a: corrupção, maus-tratos, torturas, ausência de condições mínimas de sobrevivência, discriminação, preconceito, abuso de autoridade individual e institucional, qualquer forma de agressão ou falta de respeito à integridade física, social e mental do/a cidadão/cidadã;
c. respeitar a autonomia dos movimentos populares e das organizações das classes trabalhadoras.

Art. 14 É vedado ao/à assistente social valer-se de posição ocupada na direção de entidade da categoria para obter vantagens pessoais, diretamente ou através de terceiros/as.

CAPÍTULO V

Do Sigilo Profissional

Art. 15 Constitui direito do/a assistente social manter o sigilo profissional.

Art. 16 O sigilo protegerá o/a usuário/a em tudo aquilo de que o/a assistente social tome conhecimento, como decorrência do exercício da atividade profissional.

Parágrafo único Em trabalho multidisciplinar só poderão ser prestadas informações dentro dos limites do estritamente necessário.

Art. 17 É vedado ao/à assistente social revelar sigilo profissional.

Art. 18 A quebra do sigilo só é admissível quando se tratarem de situações cuja gravidade possa, envolvendo ou não fato delituoso, trazer prejuízo aos interesses do/a usuário/a, de terceiros/as e da coletividade.

Parágrafo único A revelação será feita dentro do estritamente necessário, quer em relação ao assunto revelado, quer ao grau e número de pessoas que dele devam tomar conhecimento.

CAPÍTULO VI

Das Relações do/a Assistente Social com a Justiça

Art. 19 São deveres do/a assistente social:
a. apresentar à justiça, quando convocado na qualidade de perito ou testemunha, as conclusões do seu laudo ou depoimento,

sem extrapolar o âmbito da competência profissional e violar os princípios éticos contidos neste Código.
b. comparecer perante a autoridade competente, quando intimado/a a prestar depoimento, para declarar que está obrigado/a a guardar sigilo profissional nos termos deste Código e da Legislação em vigor.

Art. 20 É vedado ao/a assistente social:
a. depor como testemunha sobre situação sigilosa do/a usuário/a de que tenha conhecimento no exercício profissional, mesmo quando autorizado;
b. aceitar nomeação como perito e/ou atuar em perícia quando a situação não se caracterizar como área de sua competência ou de sua atribuição profissional, ou quando infringir os dispositivos legais relacionados a impedimentos ou suspeição.

TÍTULO IV
Da Observância, Penalidades, Aplicação e Cumprimento Deste Código

Art. 21 São deveres do/a assistente social:
a. cumprir e fazer cumprir este Código;
b. denunciar ao Conselho Regional de Serviço Social, através de comunicação fundamentada, qualquer forma de exercício irregular da Profissão, infrações a princípios e diretrizes deste Código e da legislação profissional;
c. informar, esclarecer e orientar os/as estudantes, na docência ou supervisão, quanto aos princípios e normas contidas neste Código.

Art. 22 Constituem infrações disciplinares:
a. exercer a Profissão quando impedido/a de fazê-lo, ou facilitar, por qualquer meio, o seu exercício aos/às não inscritos/as ou impedidos/as;
b. não cumprir, no prazo estabelecido, determinação emanada do órgão ou autoridade dos Conselhos, em matéria destes, depois de regularmente notificado/a;
c. deixar de pagar, regularmente, as anuidades e contribuições devidas ao Conselho Regional de Serviço Social a que esteja obrigado/a;

d. participar de instituição que, tendo por objeto o Serviço Social, não esteja inscrita no Conselho Regional;
e. fazer ou apresentar declaração, documento falso ou adulterado, perante o Conselho Regional ou Federal.

Das Penalidades

Art. 23 As infrações a este Código acarretarão penalidades, desde a multa à cassação do exercício profissional, na forma dos dispositivos legais e/ou regimentais.

Art. 24 As penalidades aplicáveis são as seguintes:
a. multa;
b. advertência reservada;
c. advertência pública;
d. suspensão do exercício profissional;
e. cassação do registro profissional.

Parágrafo único Serão eliminados/as dos quadros dos CRESS, aqueles/as que fizerem falsa prova dos requisitos exigidos nos Conselhos.

Art. 25 A pena de suspensão acarreta ao/à assistente social a interdição do exercício profissional em todo o território nacional, pelo prazo de 30 (trinta) dias a 2 (dois) anos.

Parágrafo único A suspensão por falta de pagamento de anuidades e taxas só cessará com a satisfação do débito, podendo ser cassada a inscrição profissional após decorridos três anos da suspensão.

Art. 26 Serão considerados na aplicação das penas os antecedentes profissionais do/a infrator/a e as circunstâncias em que ocorreu a infração.

Art. 27 Salvo nos casos de gravidade manifesta, que exigem aplicação de penalidades mais rigorosas, a imposição das penas obedecerá à gradação estabelecida pelo artigo 24.

Art. 28 Para efeito da fixação da pena serão considerados especialmente graves as violações que digam respeito às seguintes disposições:
artigo 3º – alínea c;
artigo 4º – alínea a, b, c, g, i, j;
artigo 5º – alínea b, f;
artigo 6º – alínea a, b, c;

artigo 8° – alínea b;
e artigo 9° – alínea a, b, c;
artigo 11 – alínea b, c, d;
artigo 13 – alínea b;
artigo 14;
artigo 16;
artigo 17;
Parágrafo único do artigo 18
artigo 19 – alínea b;
artigo 20 – alínea a, b

Parágrafo único As demais violações não previstas no "caput", uma vez consideradas graves, autorizarão aplicação de penalidades mais severas, em conformidade com o artigo 26.

Art. 29 A advertência reservada, ressalvada a hipótese prevista no artigo 33 será confidencial, sendo que a advertência pública, suspensão e a cassação do exercício profissional serão efetivadas através de publicação em Diário Oficial e em outro órgão da imprensa, e afixado na sede do Conselho Regional onde estiver inserido/a o/a denunciado/a e na Delegacia Seccional do CRESS da jurisdição de seu domicílio.

Art. 30 Cumpre ao Conselho Regional a execução das decisões proferidas nos processos disciplinares.

Art. 31 Da imposição de qualquer penalidade caberá recurso com efeito suspensivo ao CFESS.

Art. 32 A punibilidade do assistente social, por falta sujeita a processo ético e disciplinar, prescreve em 5 (cinco) anos, contados da data da verificação do fato respectivo.

Art. 33 Na execução da pena de advertência reservada, não sendo encontrado o/a penalizado/a ou se este/a, após duas convocações, não comparecer no prazo fixado para receber a penalidade, será ela tornada pública.

§ 1° A pena de multa, ainda que o/a penalizado/a compareça para tomar conhecimento da decisão, será publicada nos termos do artigo 29 deste Código, se não for devidamente quitada no prazo de 30 (trinta) dias, sem prejuízo da cobrança judicial.

§ 2° Em caso de cassação do exercício profissional, além dos editais e das comunicações feitas às autoridades competentes interessadas no assunto, proceder-se-á a apreensão da Carteira e Cédula de Identidade Profissional do/a infrator/a.

Art. 34 A pena de multa variará entre o mínimo correspondente ao valor de uma anuidade e o máximo do seu décuplo.

Art. 35 As dúvidas na observância deste Código e os casos omissos serão resolvidos pelos Conselhos Regionais de Serviço Social "ad referendum" do Conselho Federal de Serviço Social, a quem cabe firmar jurisprudência.

Art. 36 O presente Código entrará em vigor na data de sua publicação no Diário Oficial da União, revogando-se as disposições em contrário.

Brasília, 13 de março de 1993.

MARLISE VINAGRE SILVA

Presidente do CFESS

Publicado no Diário Oficial da União N 60, de 30.03.93, Seção I, páginas 4004 a 4007 e alterado pela Resolução CFESS nº 290, publicada no Diário Oficial da União de 11 de fevereiro de 1994.

Respostas

Capítulo 1

Questões para revisão

1. A ética normativa pressupõe a construção interna do sujeito e a preocupação racional com o outro.

2. A ética ultrapassou a qualidade de normativa; a religião foi substituída pela ciência e pela economia, perdendo o posto de "ordem suprema", surgindo a ética utilitarista, ou ética revolucionária.

3. a
4. b
5. a

Capítulo 2

Questões para revisão

1. O fato de se constituírem como projetos macroscópicos, como propostas para o conjunto da sociedade. Somente eles apresentam essa característica – os outros projetos coletivos (por exemplo, os projetos profissionais) não têm esse nível de amplitude e caráter inclusivo.
2. No processo de recusa e crítica do conservadorismo, em que se encontram as raízes de um projeto profissional novo, precisamente as bases do que se está denominando *projeto ético-político*.
3. a
4. c
5. c

Capítulo 3

Questões para revisão

1. a
2. b
3. c
4. O Movimento de Reconceituação (décadas de 1960/1970).
5. Com o propósito de possibilitar um maior compromisso do Serviço Social com os direitos da população brasileira.

Questões do ENADE 2007

1. Questão 21 = a
2. Questão 22 = b
3. Questão 34 = a

Questões do ENADE 2010

1. Questão 30 = d
2. Questão 34 = d

Questões do ENADE 2013

1. Questão 15 = b
2. Questão 32 = c

Questões do ENADE 2016

1. Questão 15 = b
2. Questão 25 = a
3. Questão 26 = c
4. Questão 28 = e
5. Questão 31 = e
6. Questão 33 = c

Sobre a autora

Latif Cassab tem graduação em Serviço Social pela Faculdade Paulista de Serviço Social de São Caetano do Sul (1992), mestrado em Serviço Social pela Universidade Estadual Paulista Júlio de Mesquita Filho (1997), doutorado em Serviço Social pela Pontifícia Universidade Católica de São Paulo (2003) e pós-doutorado pela Universidade Federal de Santa Catarina, Programa de Pós-Graduação em História, na linha de estudos de gênero. Também tem especialização em Gestão e Docência em EaD pela Universidade Federal de Santa Catarina (2014). É parecerista de artigos científicos para revistas de Serviço Social e áreas afins e de trabalhos de eventos científicos. Atua como coordenadora do Núcleo de Estudos e Pesquisa sobre Gênero, Sexualidade e Família da Universidade Estadual do Paraná.

Os papéis utilizados neste livro, certificados por instituições ambientais competentes, são recicláveis, provenientes de fontes renováveis e, portanto, um meio responsável e natural de informação e conhecimento.

FSC
www.fsc.org
MISTO
Papel produzido a partir de fontes responsáveis
FSC® C103535

Impressão: Reproset
Agosto/2022